Trente ans avec sursis

DU MÊME AUTEUR

Romans

La 21e Chinoise, Bourgois, 1968.
Premier crime, Grasset, 1973.
Le Livre des égarés, Flammarion, 1979.
Les Fêtes d'automne, Flammarion, 1981.
L'Homme de pouvoir (adapté pour A2), Stock, 1987.

Essais

Biafra An II, Julliard, 1968.
Les Chinois de la Diaspora, Orban, 1976.
Cambodge : la révolution de la forêt, Flammarion, 1977.

François Debré

Trente ans avec sursis

Denoël

roman

Ouvrage publié sous la direction
de CLAIRE GALLOIS

9, rue du Cherche-Midi, 75006 Paris
ISBN 2.207.24761.9
B 24761.2

1

Mai 1968

Malgré le scintillement des étoiles, la nuit est totale.

Tout est immobile ; à l'horizon, on aperçoit de gigantesques éclairs de chaleur qui déchirent l'obscurité ; la carlingue d'un DC3 se dresse, penchée, à l'extrémité de la piste en ciment. Sous une aile, un homme attend, assis sur un sac. A quelques mètres la brève flamme d'un briquet éclaire le visage noir et le béret d'un soldat de garde.

A l'autre extrémité de la piste, au loin, si loin que cela semble à des années-lumière, brille l'aéroport et les feux bleus et rouges d'un avion qui s'apprête à décoller et dont le grondement des moteurs se fond dans le silence.

L'homme assis suit des yeux l'avion qui s'éloigne en roulant doucement, s'éloigne encore, s'immobilise... il entrevoit par les hublots les silhouettes des passagers... confort des fauteuils, air climatisé, hôtesses, voix rassurante du commandant de bord... c'est le dernier vol régulier pour l'Europe... à des années-lumière.

L'avion décolle dans un grondement sourd et s'élève

lourdement, clignotant de tous ses feux ; tandis que le bruit s'estompe, revient par moments, disparaît, l'avion se perd dans les constellations, et l'homme, les yeux au ciel, se met à chercher la Croix du Sud. Il éprouve un sentiment étrange, une sensation, plutôt, une sensation qu'il connaît bien, une angoisse presque physique, un poids dans la poitrine, la gorge serrée... il sait qu'il va devoir supporter cette douleur pendant les heures qui viennent.

Tout s'est figé à nouveau... la lueur de la cigarette, le fuselage dressé du DC3, l'aéroport éclairé, et, plus sombre encore que la nuit, la masse de la forêt qui encercle la piste. Le bruit des insectes paraît souligner l'immobilité.

Soudain, avec brutalité, une musique brise le silence. Forte, inattendue, discordante... la voix de Bob Dylan... « a dollar in my hand and my pocket full of sand... » Le son s'éteint presque aussitôt, coupé au milieu d'un accord.

Une minuscule lueur bleue surgit derrière la vitre avant de la cabine et, comme si la sonorité nasillarde de cette bribe de chanson avait déclenché quelque chose, le mouvement revient : le soldat fait trois pas et jette sa cigarette en une gerbe d'étincelles ; à l'autre extrémité de la piste deux phares surgissent, la cabine s'illumine au-dessus de la tête du pilote qui s'affaire sur son tableau de bord, une Jeep s'approche doucement puis s'immobilise... Une silhouette en descend, un geste de l'épaule pour remonter la bandoulière d'un sac, allume une torche électrique dont le faisceau éclaire le visage de l'homme toujours assis.

« Salut. »

Dans ce seul mot on sent de la tension et peut-être un peu de complicité.

« Bonjour, répond le premier, je m'appelle Bertrand. »

Le trait de lumière balaie les alentours, éclaire le soldat qui se protège les yeux de la main, parcourt la paroi métallique du DC3, les ailes… ni inscription ni cocarde…

L'homme pose son sac et s'assied à côté de son compagnon.

« Je m'appelle Jean-Pierre », prononce-t-il, comme s'il terminait sa phrase après le bref « salut ».

Le premier reprend : « Je suis journaliste. »

Le nouvel arrivé ne répond pas, tend seulement la main. La poignée de main est forte, de la tension et, peut-être, un peu de complicité, contrairement au journaliste, l'autre homme n'a pas précisé son métier.

C'est inutile… Que peut-on bien faire sur ce coin de piste, à l'écart des lumières sous l'aile d'un vieil avion sans immatriculation, gardé par un soldat silencieux, à quelques centaines de kilomètres d'un pays d'Afrique en guerre ?

Une porte s'ouvre dans les flancs du fuselage, une petite échelle se déploie ; le pilote apparaît ; il est corpulent, son visage déformé par les ombres lui donne un aspect grimaçant, les cheveux grisonnants, il est vêtu d'un pantalon informe et d'une chemise rouge.

« Bienvenue à bord », dit-il, et il ricane.

Les deux hommes se lèvent ensemble ; ils sont grands, de la même taille, ils portent tous les deux des jeans et des baskets ; le visage du premier est plus rond, l'autre a des joues un peu creuses et des pommettes saillantes mais ils se ressemblent, ils pourraient être frères.

L'un derrière l'autre ils gravissent l'échelle.

Quelques sièges de toile attachés par des filins bordent l'intérieur de l'avion dont on voit les membrures, les câbles et les rivets. A même le sol de petites caisses en bois sont alignées et forment comme un second plancher. Sur chacune d'elles, on peut lire, écrit au pochoir, en noir : « grenades ».

Les deux hommes s'installent, le pilote pénètre dans la cabine en baissant la tête, il laisse la porte ouverte, on le voit pousser des boutons, tirer des manettes, les moteurs toussent deux ou trois fois puis les hélices se mettent à tourner. L'avion pivote, se met le nez au vent puis, sans marquer de temps d'arrêt il s'élance sur la piste, prend de la vitesse, s'élève doucement, décrit une courbe. On voit par les hublots les lumières bleues d'une ville... immeubles éclairés, avenues rectilignes, l'avion prend de l'altitude, traverse des nuages ; sur le rivage, près de la côte, les vagues sont phosphorescentes. Plus loin la mer est aussi sombre qu'une forêt.

L'avion vole régulièrement, on entend le crachotement de la radio, le temps s'écoule, une heure, peut-être plus. Les deux hommes ne se parlent pas, le bruit est trop fort, ils fument beaucoup, écrasant leurs mégots à même le plancher métallique ; de minuscules lampes éclairent les parois de la carlingue et les caisses de bois. Des nuages puis à nouveau un rivage, l'écume blanche de la barre s'étire à l'infini.

Le pilote sort de sa cabine et crie pour couvrir le bruit des moteurs : « Je coupe la lumière, ne fumez plus. »

Il retourne sur son siège en refermant la porte, cette fois. Les lampes s'éteignent, la radio se tait. L'avion traverse de nouveaux nuages, les éclairs de chaleur zèbrent le ciel... grondement régulier des moteurs, obscurité totale, le DC3 survole une côte, on aperçoit de petites lumières orangées... les feux de bois d'un village, puis la piste éclairée d'un aéroport où stationnent des avions de chasse reconnaissables à leurs ailes obliques.

Le journaliste regarde ; la douleur qui lui étreignait la poitrine s'estompe, une autre sensation apparaît.

La terre paraît proche, l'avion ne vole pas haut, l'autre homme se penche vers lui et crie : « Heureusement que les pilotes nigérians ne sortent pas la nuit. »

Le journaliste répond : « Mais pourquoi l'avion passe-t-il justement par ici ?

– Pas de radar, pas de radio, on navigue à l'estime, il faut bien des points de repère pour ne pas se perdre. L'endroit où l'on va atterrir doit être à une cinquantaine de kilomètres au nord. »

Soudain quelques traits de lumière fusent du sol ; vers l'avant de l'appareil éclatent, presque paresseusement, d'éblouissantes boules rouges ; l'autre homme commente : « La D.C.A. ; ils tirent au jugé, au son ; on ne risque rien. »

Le journaliste ferme les yeux, la sensation douloureuse a complètement disparu, un fourmillement lui parcourt le corps, les membres, jusqu'au bout des doigts.

Les lumières s'effacent, les villages et l'aéroport disparaissent ; un mince croissant de lune éclaire le moutonnement sombre de la forêt. L'avion continue son vol lent et régulier.

Tout à coup la radio se remet en marche, le pilote crie dans le micro des mots que l'on ne comprend pas, l'avion bascule sur une aile, les moteurs s'emballent, l'avion descend, ou plutôt plonge vers le sol ; au même instant deux rangées de feux orangés et mobiles, comme les feux de bois du village, s'allument... des lampes à pétrole délimitant une piste d'atterrissage qui paraît terriblement courte. L'avion se redresse, frôle des arbres, pique sur la piste, touche le sol, rebondit, les pneus hurlent, les moteurs ronflent, l'appareil freine puis finit par s'immobiliser. Dès qu'il s'est arrêté les lampes à pétrole s'éteignent.

Un camion roule jusqu'à l'avion, le pilote qui est sorti de sa cabine ouvre la porte. On voit des gens qui accourent ; il n'y a toujours aucune lumière, l'obscurité cependant est moins absolue qu'au départ.

Deux soldats montent dans l'appareil, des officiers sans doute, bien qu'ils ne portent aucun galon ; ils tendent la main aux deux hommes. « Welcome to Biafra. »

« Fais-le.
– Quoi ?
– Téléphone à mon père et dis-lui que je veux lui parler.
– Non, Nathalie, je ne le ferai pas.
– Fais-le.
– Non.
– Si tu es mon ami, fais-le. »

Nathalie a sa tête des mauvais jours, ou plutôt des mauvaises heures, car son humeur change d'une heure à l'autre ; elle a le front buté, les sourcils froncés, la bouche pincée. Avec ses cheveux courts elle ressemble à un petit bélier.

Les infirmières ont bouclé le jardin où elle pourrait essayer d'escalader le mur, elles ont verrouillé les placards de la salle à manger ; hier encore elle a cassé une pile d'assiettes pour s'ouvrir les veines avec un tesson.

Nathalie va bien, merci, son père l'a violée quand elle avait quinze ans. Elle en a vingt-cinq aujourd'hui dont dix d'hospitalisation. Elle va bien, mis à part ses sautes d'humeur.

« Il est dix heures et demie, midi moins le quart, je peux mettre la table ?

– Dégage. »

Nathalie chasse Eliane qui répète les mêmes mots toutes les deux minutes.

« Fais-le.

– Non. »

Nathalie boude. Elle se lève soudain et, d'une démarche déterminée, elle fait le tour du service, cherchant une ouverture, une porte, une issue ou quelque chose à briser pour montrer sa colère et son désespoir.

Dans le petit salon on a enlevé les vases de fleurs, il n'y a plus de télévision. Nathalie en a cassé deux la semaine dernière, on ne les remplace plus.

« Il est onze heures, midi, je peux... » Eliane revient à la charge mais comme personne ne lui prête attention, elle ne va pas jusqu'au bout de sa phrase qui s'achève dans un ricanement grinçant.

« Fais-le. »

Un vieil homme crie de temps en temps « au secours », d'une voix morne ; une jeune fille s'adresse à une infirmière : « J'ai été agressée cette nuit, je le sens, je veux porter plainte. »

Un Japonais arpente le couloir en comptant ses pas, vingt-six pas dans un sens, vingt-six dans l'autre.

Les patients se croisent et se recroisent, errant de la véranda à la salle à manger. Ils se retrouvent en pyjama à huit heures du matin autour d'un bol de café, ils se succèdent dans la salle de bains, s'empruntent à tour de rôle des cigarettes mais aucun lien ne se crée entre eux. Chacun reste replié sur lui-même, chacun a ses problèmes qu'il ne confie à personne et aucun ne s'intéresse à ceux du voisin. Les repas sont quasiment silencieux. Rarement, très rarement, ils s'attablent à deux ou trois pour une partie de Scrabble.

Parfois un groupe se forme autour d'un patient qui se sent plus à l'aise que les autres, qui parle plus haut, propose une promenade dans le petit jardin, mais cela ne dure pas ; le patient plus à l'aise que les autres a une bouffée d'anxiété, un mauvais moment et son ascendant se dilue dans le malaise ambiant.

De temps en temps l'un d'entre eux se heurte aux règles du service. Il veut sortir, s'énerve, crie, menace, secoue la poignée d'une porte fermée, il est raccompagné dans sa chambre, calmé… « On verra demain avec le docteur. »

Et tout retombe dans le calme, un calme tressé de solitude et d'angoisse ; les patients ne s'affrontent jamais ; ils n'ont pas la force d'exprimer leur désaccord ou bien ils sentent l'inutilité d'une discussion.

Les infirmières sont vigilantes, chaque fois qu'un peu de nervosité apparaît elles sont sur le qui-vive. Si les paroles d'apaisement ne suffisent pas, un comprimé est proposé, et lorsque tout cela est insuffisant elles font appel aux infirmiers du service voisin qui débarquent à trois ou quatre et administrent une injection de Tranxène.

Tout le monde fume. Contrairement à ce qui est admis dans les autres hôpitaux, malades et personnel allument cigarette sur cigarette. L'ennui est presque palpable. Les heures passent interminables avec comme seuls points de repère les repas dont les préparatifs sont observés avec minutie, la table mise... le pain est posé sur les assiettes... l'eau apportée... le four sonne... et les distributions de médicaments qui parfois donnent lieu à de longues négociations... je peux avoir mon Tercian plus tôt ?... Vous me donnez un demi-Immovance alors que le docteur m'a dit qu'on augmentait la dose ?

La seule distraction est d'aller, lorsque cela est permis, au relais de l'hôpital où l'on peut acheter cigarettes, magazines et sucreries.

C'est comme ça que tout a commencé entre Bertrand et Nathalie. Ils se sont rencontrés près du kiosque et, eux qui s'étaient déjà vus cinq ou six fois dans la matinée, ils se sont embrassés comme si chacun retrouvait un vieil ami perdu de vue depuis des années.

« Tu peux me tutoyer », a dit Nathalie.

Elle allait bien ce jour-là ; elle revenait d'une leçon de piano et serrait contre elle un cahier de solfège comme une écolière studieuse.

Bertrand, les cheveux grisonnants, encore mince malgré ses cinquante ans. Nathalie toute joyeuse de son escapade. Les yeux brillants comme si elle assistait à une fête, ne voyant pas le morne et gris environnement de la cafétéria. Ils se sont assis et ont commandé un café. Nathalie a beaucoup parlé... de son enfance, de son père, de ses années d'hôpital.

Tout en parlant, son excitation est retombée et peu à

peu, au rythme de ses phrases, sa tristesse a réapparu ; elle a fini par pleurer, la tête sur l'épaule de Bertrand.

« Je n'en peux plus, disait-elle, je n'ai rien, ma famille me fait du mal, je n'ai pas d'amis, ma vie se limite à l'hôpital, j'ai vingt-cinq ans et tout ce que je peux faire c'est assister à une leçon de piano ou à un cours de modelage, que je rate d'ailleurs une fois sur deux parce que je ne vais pas bien... Je n'en peux plus, je suis seule, j'ai l'impression d'être dans un désert... »

« Il est midi cinq, midi et demie, je suis lavée, habillée, je peux mettre la table ? »

« Fais-le.

– Non, Nathalie. »

Le village est désert, les maisons sont vides, quelques poulets étiques picorent dans la poussière. Un vieil homme assis sur un tabouret, devant sa porte, comme s'il se réchauffait au soleil, regarde la forêt voisine. Six soldats dépenaillés sont allongés derrière un talus. Jean-Pierre d'un geste leur a indiqué l'endroit, à cent mètres d'un carrefour d'où les forces nigérianes pourraient surgir... « Ils n'ont que trois cartouches chacun, dit-il, et heureusement quelques grenades. » D'un clin d'œil, il souligne le mot pour rappeler qu'ils sont arrivés ensemble, lui, le journaliste et les grenades.

Il porte toujours des jeans et des baskets, comme dans l'avion, mais il a enfilé une veste de treillis qui ne parvient pas à lui donner l'air militaire ; il tient à la main une arme impressionnante, un fusil mitrailleur, un objet trapu d'un métal noir et mat, à sa ceinture deux grenades quadrillées.

« Les Nigérians sont à cinq cents mètres, retranchés à l'entrée du village, on les attend d'un instant à l'autre.

– Pourrez-vous les arrêter ?

– Il n'en est pas question, non, tout ce qu'on peut espérer, c'est qu'ils s'arrêtent eux-mêmes après avoir pris le village, nous ne sommes là que pour les retarder jusqu'à demain. Nous devrions recevoir des munitions cette nuit.

– Par le DC3 ? »

Un coup de feu... un soldat a tiré, il a dû voir quelque chose bouger dans un fourré.

Jean-Pierre hurle : « Gardez vos cartouches... »

Une rafale lui coupe la parole. Les soldats s'aplatissent plus encore. Bertrand baisse la tête.

« Les voilà, dit Jean-Pierre, tu ferais mieux de te mettre à l'abri. »

Le vieil homme n'a pas bougé, il regarde alternativement le talus et les fourrés comme s'il suivait un match de tennis. La fusillade s'interrompt, le silence revient.

« Ils ont dû envoyer deux ou trois hommes pour tâter le terrain, ne reste pas là.

– La voiture qui doit venir me prendre ne sera pas là avant un quart d'heure. »

Jean-Pierre hoche la tête : « Le temps que les éclaireurs fassent leur rapport et que des renforts les rejoignent, cela nous donne du temps, mais lorsqu'ils vont attaquer cela va faire mal. Je n'ai pas envie d'immobiliser deux hommes pour transporter un journaliste trop curieux.

– Tu pourrais me laisser là, je serais aussi bien soigné de leur côté.

– Ils ne font pas de prisonniers. Quant à nous, nous avons l'ordre le plus formel de ne jamais laisser sur le terrain un Européen blessé ou tué... » Il rit doucement.

« ... cela serait utilisé par leur propagande pour affirmer qu'il y a des mercenaires de notre côté. »

Un ronflement de moteur, la voiture est en avance, heureusement, ou bien le chauffeur a entendu les coups de feu et il est venu récupérer Bertrand avant que cela ne soit trop dangereux. C'est un taxi aux portières rouillées, une Peugeot. Jean-Pierre remarque : « On pourrait tourner une pub pour Peugeot ; ce sont les seules voitures qui roulent encore sans pièces détachées et avec une essence à peine raffinée, les autres moteurs ne tiennent pas le coup.

– Et toi, comment vas-tu faire ?

– On a réquisitionné une camionnette, elle est garée derrière les cases à moins que le type de garde n'ait déjà foutu le camp. »

Le chauffeur de taxi fait en direction de Bertrand un geste impatient. Il n'a pas envie de s'attarder. Bertrand monte. La voiture démarre instantanément, contourne des bâtiments de briques, traverse une place, passe devant une église peinte en rose et sort du village. Le paysage est plat, recouvert d'une sorte de poussière rouge, parsemé de petits champs.

A moins d'un kilomètre de l'endroit où ont éclaté les coups de feu, les paysans sont là, bêchant, courbés vers la terre. Des femmes marchent le long de la route, portant des branches sur la tête. Trois chèvres maigres broutent dans les fossés. Un taxi-brousse est arrêté sur le bas-côté, empli de gens en haillons portant des sacs de manioc qu'ils vont aller vendre en ville. Un berger pousse devant lui, à coups d'aiguillon, deux petites vaches.

La guerre paraît loin et pourtant demain ou après-demain, les soldats vont arriver, tuer et piller. Des jeunes recrues, dans la benne d'un camion, chantent et frappent dans leurs mains ; en croisant la voiture du journaliste, ils crient et font le V de la victoire.

Les paysans les regardent, impassibles.

La piste de latérite serpente à travers la campagne, traverse d'autres petits villages. Sur le seuil des maisons, des étals de vendeurs proposent un peu de tout... quelques fruits, dix cigarettes, des chaussures, des bouteilles remplies d'essence. Des vélomoteurs surchargés de marchandises roulent en dégageant une épaisse fumée noire.

La piste débouche sur une route goudronnée jalonnée de panneaux indicateurs... « interdiction de doubler »... « attention passage de piétons », des panneaux qui paraissent incongrus à dix minutes du village assiégé.

Au détour d'un virage, la route longe soudain une multitude de cases aux toits de tôle et de tentes. Ce n'est pas un village. Deux soldats armés montent la garde devant un portail de grillage. Des centaines de silhouettes immobiles regardent passer le taxi.

« Refugees, dit le chauffeur.

– Arrêtez », répond Bertrand.

Le véhicule ralentit et s'approche de l'entrée. Un des soldats lève le bras et ordonne au taxi de couper le moteur. En montrant le camp il fait signe que l'on peut y aller à pied. Des enfants commencent à se regrouper derrière une barrière de barbelés, les adultes, eux, ne bougent pas. Ils sont tous squelettiques. Le visage morne, assis devant les cases ou les tentes, ils semblent attendre quelque chose. Les enfants suivent du regard le journaliste qui pénètre dans le camp. On ne voit que leurs yeux, immenses. Leurs gestes sont lents comme ceux des vieillards.

Ils sont nombreux maintenant. Ils s'assemblent mais sans crier, sans tendre la main, ils ne font que regarder avec une interrogation muette dans les yeux, leurs os apparaissent sous leur peau tendue, certains, sur des jambes grêles, ont le ventre ballonné, distendu...

Le journaliste parcourt l'allée centrale, ne sachant où aller. Il aperçoit un bâtiment en ciment surmonté d'un panneau « school » près duquel stationne une camionnette portant une croix rouge peinte maladroitement sur la bâche. Tout autour des dizaines de corps sont étendus, allongés sur des nattes ou des pagnes poussiéreux.

« Hospital », dit le chauffeur et il ajoute avec un hochement de tête appréciateur « french doctors ». Le journaliste enjambe les corps, pénètre dans le bâtiment. La chaleur est suffocante, odeur du sang, de l'éther, de la gangrène...

Bertrand retrouve la sensation qu'il connaît bien. Gorge nouée, poitrine oppressée...

Un homme jeune en chemisette et pantalon de toile sort d'une pièce. « Vous êtes de la Croix-Rouge ? demande-t-il.

– Je suis journaliste.

– Formidable, vous allez parler de nous... mais

comment êtes-vous arrivé dans ce coin perdu ? Ce camp-ci n'est pas de ceux que l'on fait visiter à la presse...

– De combien de réfugiés vous occupez-vous ?

– Je ne sais pas exactement. Plusieurs milliers mais il en arrive tous les jours, nous n'avons plus de médicaments et presque rien pour les opérer, nous sommes trois. Venez, je vais vous faire voir dans quelles conditions nous travaillons. »

« Malnutrition », il passe devant un groupe d'enfants assis dans un coin du couloir, « choléra », poursuit-il devant la porte d'une salle, « dysenterie, malaria, blessures par balles... ».

Les malades sont entassés sur des lits sans drap ; chez les blessés deux infirmières biafraises en toque blanche et aux blouses maculées de sang changent les pansements.

Les blessés ne se plaignent pas, eux aussi ont les yeux écarquillés.

La curieuse sensation augmente... gorge serrée, poitrine oppressée... C'est tout simplement de la peur... peur de la mort, la sienne ou celle des autres ? Peur devant le sang, la douleur... et pourtant c'est presque avec délectation que Bertrand se met dans des situations où cette sensation va naître. Il sent ce malaise l'envahir, croître puis disparaître pour laisser la place à une excitation troublante.

« Jeanne d'Arc était une grande malade. Psychose hallucinatoire chronique... elle en présentait les symptômes les plus évidents, elle entendait des voix, et ces voix lui donnaient des ordres, l'ordre de sauver la France, pas moins... il a dû y en avoir des centaines à la même époque ; encore aujourd'hui les asiles en sont pleins... des gens qui entendent des voix... C'est d'une effarante banalité, mais Jeanne d'Arc a eu de la chance, une chance inouïe, elle a bénéficié d'une série de coïncidences miraculeuses. Comme le joueur du Loto qui tire les bons numéros. Elle a réussi à convaincre son entourage, des hommes de guerre, les seigneurs de la région, puis ceux de la cour, puis le dauphin lui-même, elle a galvanisé des milliers d'hommes, libéré Orléans, chassé les Anglais, fait couronner un roi... elle était folle à lier...

– Ou alors Dieu existe », dit Nathalie.

Le Dr Reyer est psychiatre. Son obsession ce sont les grands malades de l'Histoire, les fous célèbres. Pas seulement Van Gogh, Apollinaire ou Mallarmé, mais aussi les hommes politiques... de Louis XIV, mégalomanie, à

Hitler, paranoïa... Brigitte Reyer est psychiatre mais actuellement elle est hospitalisée après avoir fait une tentative de suicide, on l'a gavée de tranquillisants et elle est maintenant euphorique, toute à sa marotte...

« Et ce petit gourou d'une secte juive regroupant une douzaine de personnes qui a été crucifié par les Romains, comme des centaines de malfaiteurs ou d'agitateurs... Le Christ ; d'autres messies, au cours des siècles, ont vécu, ont été enfermés ou exécutés, mais lui, il a réussi, il a changé le monde. Se prendre pour le Fils de Dieu... »

Nathalie est en forme, aujourd'hui, elle se mêle à la conversation qui, pour une fois, réunit cinq ou six personnes autour du Dr Reyer. Elles ont comparé leurs cicatrices comme des vétérans fiers de leurs blessures ; le Dr Reyer a deux sparadraps sur ses poignets, Nathalie, elle, a les bras zébrés par d'innombrables entailles ; les plus récentes, encore pansées, remontent à trois jours.

Après avoir balayé les couverts, renversé la table et bousculé les chaises, Nathalie a essayé de s'ouvrir les veines avec un morceau d'assiette. Puis elle a giflé Eliane qui voulait savoir si elle pouvait mettre la table parce qu'il était onze heures et demie, midi... Les infirmières l'ont maîtrisée, poussée vers l'infirmerie et, comme elle continuait à se débattre, elles l'ont attachée sur son lit avec une sorte de camisole de cuir qui immobilise les pieds et les mains par des lanières et des anneaux.

Nathalie est restée comme cela pendant quarante-huit heures. On ne la détachait que pour aller aux toilettes et pour prendre les repas qu'elle jetait à terre dès qu'on les lui proposait. Bertrand est allé dans sa chambre pour essayer de la distraire. Il a allumé une cigarette qu'il lui a fait fumer bouffée par bouffée. Il a également branché sa petite radio qui diffusait une émission sur Jacques Brel.

« ... les Fla..., les Fla..., les Flamandes... », chantonnait Nathalie en pleurant.

Elle n'a été libérée que ce matin, mais elle est toujours en pyjama bleu. On lui a retiré ses vêtements ainsi que ses affaires de toilette pour qu'elle ne puisse pas se blesser avec une lime à ongles ou avaler du shampooing. Depuis elle n'a cassé que ses propres lunettes sans doute pour se faire pardonner en montrant qu'elle ne brisait pas seulement des objets appartenant à l'administration.

Bertrand n'a pas su répondre à la question qu'elle lui posait : « Mais pourquoi ne sommes-nous pas comme les autres ? »

Inconsciemment, le pluriel, « nous », l'a gêné. Il n'arrive pas encore à admettre que, lui aussi, il est du côté des malades, qu'il vit avec une difficulté comparable à celle de Nathalie. A moins de se réfugier dans les souvenirs, son existence a les mêmes bornes, il subit les mêmes contraintes, s'accroche aux mêmes espoirs ténus.

Ces dernières années la sensation qu'il connaît bien et qui l'habitait régulièrement lorsqu'il voyageait, ne l'a pratiquement plus quitté. Il a oublié ce qu'il ressentait à l'arrêt de cette sensation, l'euphorie qui venait ensuite, cette chaleur, ce fourmillement dans le corps, cette assurance... L'angoisse était là, en permanence, gorge serrée, poitrine oppressée, quoi qu'il fasse pour tenter de se calmer.

Pour Nathalie, il éprouve de l'affection mais une curieuse affection ; il joue un peu un rôle, le rôle qu'elle attend de lui, celui d'un ami, confident, rassurant... rassurant, lui qui a perdu toute confiance, lui qui, ces dernières années, ne pouvait plus rien entreprendre, qui vivait replié sur lui-même, prenant sans arrêt des médicaments pour que son esprit connaisse un instant de répit en se réfugiant dans le sommeil.

Oui, il éprouve de l'affection mais sans discerner si c'est Nathalie qui le touche ou s'il aime jouer ce personnage de père par substitution... légèrement équivoque.

Bertrand passe une mauvaise nuit. Tout est pourtant calme dans le service. Les malades, assommés par leurs comprimés, répartis à deux dans des chambres qui donnent sur le couloir, dorment paisiblement. Les infirmières de garde sont installées dans des fauteuils et enroulées dans des couvertures pour prendre un peu de repos. Les lumières sont éteintes, on entend parfois, par la fenêtre ouverte, le miaulement d'un chat.

Les chats sont nombreux à l'hôpital. Ils sortent la nuit et mangent dans les poubelles les restes des repas. Chaque allée porte le nom d'un malade célèbre : rue Baudelaire, rue Antonin-Artaud... cela doit faire plaisir au Dr Reyer.

La nuit est longue. De temps en temps, Bertrand sort dans le couloir pour regarder la pendule murale dont les aiguilles n'avancent pas... trois heures, trois heures et demie... quelqu'un ronfle discrètement... Bertrand se tourne et se retourne sur son lit. Les somnifères ne lui font plus d'effet. Il en prenait tellement.

D'habitude tout est fermé à clef. Cette nuit par hasard ou par erreur, la cuisine est restée ouverte. Sans faire de bruit Bertrand fait chauffer de l'eau pour préparer une tasse de thé. Le grand Frigidaire est vide, il ne reste que des plaquettes de beurre et des portions de confiture. Bertrand lit quelques pages d'un roman policier. Il l'a tellement feuilleté que les pages ne tiennent plus et qu'il connaît presque par cœur les dialogues entre un inspecteur new-yorkais et les suspects qu'il interroge.

Bertrand essaye d'occuper son esprit pour ne pas penser. Il n'y parvient pas toujours et, à l'évocation du temps qui s'est écoulé, des événements qui ont marqué sa vie, la sensation qu'il connaît bien réapparaît brutalement, douloureusement, au point qu'il se replie sur lui-même comme s'il avait reçu un coup de poing au creux de l'estomac, alors il se lève et va fumer une cigarette dans le couloir qu'il parcourt d'un pas lent. Les infirmières dorment. Nathalie doit faire un cauchemar. On l'entend appeler son père. Elle ne parvient pas à admettre que ce qui s'est passé entre eux a bouleversé son existence et a fait basculer son esprit. Elle veut à tout prix maintenir avec son père un lien qui n'a sans doute jamais existé. Elle a besoin d'imaginer qu'elle peut avoir confiance en lui, elle se rend responsable, elle veut se persuader qu'elle a toujours été malade... Bertrand la regarde dormir. Elle étreint un petit chien en peluche, les cheveux emmêlés, les jambes parcourues de tressaillements... Bertrand referme doucement la porte. Dans le couloir erre un malade, les yeux mi-clos, dormant debout. C'est l'un de ceux qui ont subi des électrochocs dans la matinée, on dit « sismologie », c'est moins impressionnant. Il a perdu le sens de l'orientation et ne retrouve pas sa chambre. Bertrand le raccompagne puis retourne s'allonger. Il repose le livre, ferme les paupières...

Un obus de mortier est tombé sur l'un des villages que Bertrand a traversés hier. Il y a eu deux morts, une adolescente blessée au ventre n'a pas survécu. Le temps qu'on la transporte à l'hôpital le plus proche, celui que les « french doctors » ont improvisé parmi les réfugiés, elle est morte d'hémorragie.

Quelques heures plus tard, les soldats ont amené, sur un brancard, un Européen blessé. Bertrand a reconnu Jean-Pierre, il avait au milieu du front un minuscule trou, une balle de petit calibre, mais il respirait encore. On lui a mis, à tout hasard, une perfusion dans le bras droit et, depuis, on attend qu'il meure... Il est dix heures du soir, Ferber, le médecin, est allé en ville, profitant du taxi de Bertrand. C'est son premier moment de détente depuis une semaine. Il est pâle, les traits tirés par la fatigue, il est amer, cynique, presque découragé...

Attablé avec Bertrand devant un verre d'alcool de palme, un breuvage tiède et trouble au goût âcre, dans un bistro en plein air que l'on appelle par dérision « le Flore », il raconte comment il est arrivé ici. Autour d'eux des journalistes, des photographes, des membres d'organisations caritatives dont on ne sait pas très bien ce qu'ils font, des gens qui se présentent comme des « observateurs », des hauts fonctionnaires biafrais...

Il fait lourd... chaleur humide, l'électricité est coupée. Malgré le couvre-feu, des lampes à pétrole brûlent sur chaque table. Dans le jardin public, devant le bistro, des couples se promènent. Quelqu'un monte le son de la radio qui diffusait de la musique, c'est un bulletin d'information de la B.B.C. On parle de manifestations en France, de grèves, d'affrontements dans les rues de Paris... Personne n'écoute.

« Je venais de terminer mon internat, dit Ferber, j'ai voulu faire quelque chose d'utile avant de m'installer et de soigner des grippes ou des ulcères à l'estomac. Je croyais qu'être médecin, c'était soulager la douleur, aider les gens, je savais que la guerre, ici, faisait des milliers de victimes, que des centaines de milliers de réfugiés étaient en train de mourir de faim... Naïvement, je me suis présenté à la Croix-Rouge, on m'a proposé d'aller dans un hôpital du Nigeria ; lorsque j'ai dit que c'était au Biafra que les gens avaient besoin de médecins et de nourriture on m'a répondu que la Croix-Rouge n'avait de rapports qu'avec les gouvernements reconnus par la communauté internationale et qu'il était hors de question d'aider des "rebelles". J'ai répondu que je ne faisais pas de politique ; rebelles ou non, des hommes, des femmes et des enfants étaient en train de crever, on le savait, on ne pouvait pas rester indifférent. J'ai eu droit à un discours, le même que les fonctionnaires internationaux tenaient sans doute entre 1940 et 1945 ; alors j'ai claqué la porte, et avec deux copains, j'ai décidé d'aller là où l'on avait besoin de nous. Nous avons emprunté de l'argent, acheté une valise de médicaments et des scalpels et nous sommes venus ici ; on nous a accueillis à bras ouverts mais avec beaucoup de surprise... Depuis, d'autres médecins sont arrivés avec des délégués d'associations humanitaires qui distribuent du riz et de la farine. Nous ne pouvons donner qu'un repas tous les deux jours, et nous ne pouvons pas soigner correctement les centaines de malades qui nous sont amenés tous les jours... Il n'y a rien de pire pour un médecin que de se sentir inutile et de voir tous les matins les corps de ceux qu'il n'a pas pu sauver... Ce sont d'abord les enfants qui meurent, ils s'éteignent pendant la nuit... Si, il y a pire : voir l'espoir qu'ils ont tous lorsque nous les accueillons et leur déception, ou plutôt leur surprise, devant notre impuissance. »

Ferber boit une gorgée d'alcool de palme, grimace, « On ferait mieux de s'en servir comme désinfectant, c'est ignoble ». Un homme de taille moyenne, presque chauve, s'approche. Il travaille, annonce-t-il, pour le consulat belge.

« J'ignorais que la Belgique avait un consulat ici, dit Bertrand.

– Elle n'en a pas », répond l'homme avec un sourire. Puis s'adressant à Ferber : « Comment va le blessé ?

– Quel blessé ?

– L'Européen blessé à la tête.

– Jean-Pierre », précise Bertrand.

Ferber hausse les épaules. « Il est toujours en vie, c'est inouï. Il a reçu une balle entre les deux yeux, mais elle est passée au-dessous du cerveau et au-dessus du palais, elle est ressortie par la nuque sans toucher les vertèbres et sans faire de dégât... à un ou deux millimètres près, il mourait sur le coup. Il a eu une chance incroyable, quant au pronostic... » Ferber hausse à nouveau les épaules et il ajoute : « Mais comment êtes-vous au courant ? » L'homme fait un geste évasif. Tout se sait très vite ici.

« Allez-vous à l'aéroport cette nuit ?

– Oui, nous devons recevoir des médicaments par le DC3, si toutefois ils ont accepté de glisser quelques caisses au milieu des munitions.

– Les cartouches sont plus nécessaires que les antibiotiques.

– Ce n'est pas mon avis.

– A quoi vous serviront vos médicaments lorsque les Nigérians envahiront le pays et massacreront tous les hommes valides ? Vous remettez sur pied des types qui seront fusillés dans trois mois s'ils ne repoussent pas leurs ennemis. Et ils n'arriveront à le faire qu'avec des armes.

– Chacun son métier », répond sèchement Ferber.

L'homme esquisse un geste d'apaisement. « Voulez-vous une vraie bière ? Nous en avons encore. »

Ferber ouvre les yeux comme si on lui avait proposé du champagne.

« Une bière ?

– Une bière fraîche. Nous avons même un réfrigérateur.

– Mais comment faites-vous ? Nous ne pouvons même pas conserver nos vaccins.

– Chacun son métier, nous prenons plus de risques mais nous avons plus de confort. »

Il se dirige vers un 4x4 garé devant le bistro, ouvre le coffre et revient avec trois bouteilles glacées. Ferber boit à même le goulot. « Un miracle », prononce-t-il avec émerveillement.

A la table voisine on les dévisage avec stupéfaction. Un photographe s'avance : « Je vous échange une cartouche de Marlboro contre une canette.

– Tenez, dit Ferber, magnanime, prenez une gorgée. »

L'observateur belge sourit. « Les cigarettes sont la seule monnaie convertible dans ce pays. Les billets ne valent plus rien, alors on fait du troc. »

A la radio on entend maintenant *Lucy in The Sky With Diamonds*. Ferber s'exclame, extasié : « Les Beatles, de la bière fraîche, on se croirait à la terrasse du *Flore*, le vrai, c'est étrange, non ? »

En effet, tout paraît normal, des amoureux dans le parc, des consommateurs tranquilles, des gens qui se détendent après une journée de bureau. Des voitures et des motos passent, deux policiers interdisent le stationnement, des femmes rient, entourées d'hommes élégants, des cameramen d'une chaîne de télévision rangent leur matériel dans des caisses métalliques, des jeunes gens s'interpellent à haute voix...

Il est onze heures, un grondement de moteur passe au-dessus du « Flore ». Un avion survole la ville. L'aéroport ou plutôt le bout de route bitumée qui sert de piste est juste à l'entrée de l'agglomération.

Le DC3 est un peu en avance ce soir. Il doit se poser avant minuit et repartir avant trois heures du matin. Sinon les avions de chasse nigérians pourraient l'abattre. Les trois hommes se lèvent. « Je vous emmène, dit le Belge, renvoyez votre taxi. »

Ils se dirigent vers le 4x4, s'entassent sur le siège avant, le véhicule démarre.

Le DC3 est le seul lien avec le monde extérieur. D'autres avions se posent parfois avec de la farine ou du riz mais le vieil avion, lui, atterrit toutes les nuits presque avec la ponctualité d'une ligne régulière. Il transporte des « techniciens », des spécialistes des télécommunications ou des mercenaires, comme Jean-Pierre, des mercenaires recrutés en Europe. Dans le bâtiment qui sert d'aérogare, une église désaffectée, des gens attendent. Comme on ne sait jamais à l'avance ce que va transporter le DC3, il y a là une multitude de gens... des militaires, des médecins, des « diplomates », des membres de l'administration biafraise envoyés en mission à l'étranger, des journalistes...

Tout au long de la piste, de chaque côté, des hommes sont accroupis près d'une lampe à pétrole éteinte. Ils n'allument qu'au moment où l'avion entame sa descente et éteignent dès que l'appareil s'est posé. Pour éviter les bombardements, « la semaine dernière, raconte "le Belge", un Mig avait suivi le DC3 et a lâché une bombe sur la piste. Il n'y a pas eu de dégât, la bombe a explosé dans la forêt à cent mètres du bâtiment mais s'il avait réussi à rendre la piste inutilisable, cela aurait été catastrophique, ils seraient revenus après le lever du jour, auraient détruit l'avion, plus de liaison, plus de munitions, le temps de réaménager un autre bout de route, de faire venir un nouvel appareil... »

Il s'éloigne un instant pour parler à un officier biafrais.

« Je n'aime pas les mercenaires, dit Ferber, faire la guerre pour de l'argent...

– Je ne les aime pas non plus, répond Bertrand, mais je les respecte. Mieux, je les admire d'une certaine façon.

– Tu les admires ?

– Ils ne se font pas uniquement payer pour tuer, ils se font aussi payer pour mourir, ce qu'ils font semble détestable, dès l'instant où ce n'est pas par idéal mais contre de l'argent qu'ils combattent, mais il n'empêche, ils mettent leur peau sur la table. Ils sont bien payés mais par rapport à quoi, à ce qu'ils gagneraient s'ils travaillaient en usine ? Par rapport aux salaires de ceux à côté de qui ils se battent ? Par rapport aux risques qu'ils prennent, c'est dérisoire.

– Je n'aime pas la guerre, je n'aime pas les militaires et ceux-ci sont les pires. »

Bertrand hausse les épaules : « Qui aime la guerre ? Pourquoi es-tu ici ?

– Et toi ?

– C'est une bonne question. »

Nathalie a besoin de contacts. Il faut qu'elle sente la chaleur d'un autre corps. Elle prend la main de Bertrand, s'accroche à son bras, se serre contre lui. Dans ces moments-là, Bertrand se raidit, il ne sait pas extérioriser son affection. Il a toujours peur qu'un geste trop tendre soit mal interprété. Il est physiquement mal à son aise.

Vingt ans plus tôt, il était séduisant, maintenant c'est à peine s'il se reconnaît dans la glace lorsqu'il se rase le matin. Il voit un vieil homme aux yeux cernés de sombre, les cheveux presque blancs, une bouche rétrécie, un visage qui porte dans la chair les stigmates d'une vie dont la direction lui a échappé. Un regard las et terne. Son âge lui pèse, il se sent fatigué, sans envies, vide.

Il ne parvient pas à tourner une page. La dernière page d'une époque où tout lui réussissait, où il était actif, heureux, reconnu, envié quelquefois...

Vingt années qui sont passées sans presque qu'il s'en aperçoive tant il était absorbé par son travail, ses voyages, sa femme, ses enfants.

Son travail est inachevé, ses voyages oubliés, sa femme morte, ses enfants grands...

Nathalie lui raconte sa journée, une journée désespérément vide, sans visite, sans personne, une journée passée avec elle-même, meublée de petits faits anodins, écouter la radio, bavarder avec une infirmière, écrire une lettre, descendre acheter un timbre.

Elle ne sait rien du monde extérieur. Lorsque sa radio diffuse des informations, elle ne comprend rien. Elle ne sait pas le nom des dirigeants politiques. Elle ignore tout des Etats dont on parle. La Serbie ou le Zaïre, Hong Kong ou Moscou sont pour elle des lieux virtuels. Les crises, les affrontements, les grèves, les guerres, tout est mêlé dans une sorte d'inconnu confus, hors du temps et surtout hors du lieu qui lui sert de référence : l'hôpital où rien ne se passe jamais en dehors de ses sautes d'humeur et des entretiens qu'elle a parfois avec un médecin.

Pour elle, les individus n'existent que par rapport à son état. Elle ne peut imaginer que telle infirmière ait des enfants, que telle aide-soignante ait rompu avec son petit ami, que chacun existe aussi en dehors du service qui lui sert de foyer, de famille et d'hôtel...

Sauf Bertrand. Elle lui pose d'étonnantes questions sur les rapports qu'il aurait pu avoir avec ses filles, sur son passé, sur ses voyages. Elle n'écoute qu'à peine ses réponses mais elle manifeste un intérêt, une curiosité inhabituels.

A travers ses questions, plus qu'en entendant les réponses, elle semble découvrir un univers extérieur où des gens vivent, s'aiment, s'affrontent, meurent, existent... Une découverte qui la surprend.

« Est-ce que tu as parlé de moi à tes filles ?

– Non.

– J'aurais aimé avoir un père comme toi.

– Tu aurais été déçue.

– Qu'est-ce que je suis pour toi ?

– Une amie.

– Ton amie ?

– Non, Nathalie, une amie, une très bonne amie.

– Tu as emmené ta femme pendant tes reportages ?

– Parfois, elle est venue avec moi au Vietnam, au moment de la chute de Saigon.

– Saigon ?

– Une ville où il y a eu la guerre, il y a vingt-cinq ans.

– Avant ma naissance ?

– Oui, bien avant.

– Elle a aimé Saigon ?

– Comment peut-on aimer une ville en guerre ?

– Et toi ?

– Moi, oui, j'ai beaucoup aimé.

– A cause de la guerre ?

– Tu as sans doute raison, oui, à cause de la guerre. »

Une trentaine de personnes sortent de la forêt. Un petit sentier recouvert d'herbe les mène à une route où sont stationnés deux véhicules, une camionnette et le taxi de Bertrand. Près de la camionnette, Ferber et deux infirmiers biafrais commencent à déballer un peu de matériel médical, des perfusions, des pansements...

Des paysans sont venus l'avertir, ce matin, qu'un groupe de gens errait dans la forêt sans oser en sortir. Ferber les a envoyés chercher et maintenant ils arrivent épuisés, tremblants de fièvre. Il y a des adultes mais surtout des femmes et des enfants, vêtus de haillons. Cela doit faire des semaines qu'ils se cachent, se nourrissant de baies et de racines. « La forêt est pleine de cadavres », a déclaré un paysan. Ils arrivent par le chemin, convergeant vers les voitures comme des papillons attirés par une lumière. Les premiers sont déjà assis contre la camionnette, hagards, craintifs avec dans les yeux cette muette interrogation que Bertrand a remarquée chez les réfugiés, dans le camp. Ils donnent l'impression de ne pas pouvoir aller plus loin, de ne pas pouvoir marcher plus longtemps, ils ont rassemblé leurs dernières forces pour se traîner jusqu'à cet endroit où ils s'en remettent à ceux qui les accueillent...

Pourquoi ont-ils fui leur village, pourquoi n'osaient-ils pas sortir de la forêt, qu'ont-ils vu qui les a effrayés au point qu'ils préféraient mourir de faim et de paludisme ? La forêt est pleine de cadavres... Une jeune fille ferme la marche, elle doit avoir dix-huit ans. Sur sa peau noire des gouttes de transpiration luisent ; légèrement courbée, elle avance lentement, pas après pas, mécaniquement... comme si elle brûlait ses dernières forces pour atteindre cette camionnette à la croix peinte en rouge. Elle se dirige vers Bertrand qui la photographie, elle se traîne, fait quatre pas, puis elle tombe à genoux. Bertrand photographie toujours, elle se courbe, son front touche la poussière, Bertrand photographie encore, son index appuie régulièrement sur le bouton, il est figé. La jeune fille s'effondre, comme au ralenti, et, là, devant le journaliste, elle meurt...

Bertrand se penche enfin vers elle, il tente de la relever, tâte son pouls... Son cœur ne bat plus.

Bertrand appelle Ferber qui accourt, crie en direction d'un infirmier : « Solucamphre ! », lui pique le bras, puis secoue la tête : « Nous ne pouvons rien faire, c'est trop tard. »

Bertrand est tétanisé, il a envie, comme si cela pouvait effacer les secondes qui se sont passées, de jeter son appareil, d'en arracher le film.

« Je l'ai vue mourir, je n'ai rien fait ! »

Il a soudain très froid. Sa gorge est nouée, sa poitrine oppressée.

« Tu ne pouvais rien !

– Mais j'ai continué à photographier. » Il tend la main vers le corps. Il est bouleversé, coupable, il ne parvient pas à exprimer ce qu'il ressent, Ferber est reparti vers les autres réfugiés. Sa sensation d'angoisse l'étreint avec une inhabituelle douleur...

« Nous allons en transporter une douzaine, puis je ferai envoyer un camion qui prendra les autres. Tu viens ?

– Non, je reste avec eux.

– Pourquoi ? demande Ferber.

– Je reste », reprend Bertrand. Le chauffeur de taxi grimace et secoue la tête, il veut partir avec le médecin. Rester au milieu de ces mourants l'effraie.

« Je reste », répète Bertrand sans bien savoir pourquoi il ne veut pas laisser ces gens, la jeune fille qui gît sur le chemin, étendue, les yeux clos comme si elle dormait mais les mains crispées. Les autres réfugiés ne regardent pas dans cette direction, ils ne quittent pas des yeux le médecin et les infirmiers...

Non, il ne s'agit pas de cela !

2

Cela aurait pu être un roman, ce n'était qu'un prétexte. Il y avait pourtant une idée, une histoire, les destins croisés de trois hommes se rencontrant par hasard, leurs vies distinctes mêlées par moments, leurs retrouvailles, leurs séparations, leurs parcours différents, leurs choix, leurs oppositions, cela aurait pu être une histoire. C'est d'ailleurs une histoire vraie.

Le médecin a fait une très belle carrière, son association s'est développée jusqu'à devenir mondialement connue, l'expression « French doctors » est synonyme, dans tous les pays du monde, d'aide et de désintéressement. Grâce à lui des milliers de gens ont été soignés, nourris, il a fait envoyer des équipes de secours en Afghanistan aux pires moments de la guerre, des hôpitaux de campagne ont été installés au Guatemala, grâce à lui des boat-people ont été recueillis, il a évité, pas lui tout seul, la famine dans deux ou trois pays d'Afrique. On l'a d'ailleurs vu transporter des sacs de riz en Somalie devant les caméras d'A2, on le lui a beaucoup reproché. A tort, il avait compris que pour être efficace et indépendant il fallait des moyens et de l'argent, que pour cela il fallait être connu. Comme il était sympathique, idéaliste et plutôt beau garçon, il a eu beaucoup de succès et son association en a bénéficié ; grâce à lui des populations entières qui seraient mortes dans l'indifférence et le silence des médias ont été secourues et sauvées ; devenu très populaire, il a fini par faire de la politique.

Jean-Pierre s'est remis de sa blessure à la tête ; il en a gardé une certaine raideur de la nuque mais il a conservé son attrait pour la guerre. Il s'est battu un peu partout, notamment au Yémen, au Liban et aux Comores, il a sans doute tué beaucoup d'hommes puis il a entrepris, par idéalisme cette fois, mais toujours pour de l'argent, de former des combattants en Angola à l'époque où des soldats cubains aidaient le gouvernement légal communiste, et il est mort en sautant sur une mine.

Tout cela n'était qu'un prétexte. Pendant que Jean-Pierre tuait et que Ferber finissait par être nommé ministre, Bertrand, lui, était devenu toxicomane.

A plus de cinquante ans il s'est réveillé un jour en pyjama bleu dans la chambre d'un hôpital psychiatrique face à un médecin qui lui demandait d'une voix gênée : « Comment en êtes-vous arrivé là ? » Tout d'abord, il n'a pas saisi le sens de la question, « arrivé où ? » et puis il a aperçu dans une vitre une silhouette, la silhouette d'un homme vieilli, aux cheveux gris, aux yeux cernés et fixes, voûté, enveloppé d'une veste d'hôpital aux manches trop courtes, une épave… et c'était lui… !

Des années plus tôt, des années-lumière plus tôt, il

avait été un homme sûr de lui, équilibré en apparence. Il habitait près du jardin du Luxembourg à Paris, un quartier particulièrement agréable, il avait épousé la femme dont il était amoureux depuis qu'il avait vingt ans, il avait deux petites filles belles et intelligentes, il voyageait beaucoup, ses articles étaient appréciés, ses reportages suivis avec attention, il avait reçu des prix de journalisme, il avait même commencé à écrire pour la télévision. Il était sur le point de « réussir ».

Il s'agit de cela. Bien évidemment ce n'est pas arrivé en un jour, c'est venu lentement mais inexorablement. Ce qui au départ n'était qu'une expérience mi-mondaine, mi-exotique se terminait dans les toilettes d'un café sordide, dans le tremblement convulsif de crises de manque.

Et pourtant cela avait commencé comme une lune de miel, pour devenir un brouillard qui a duré des années, l'entraînant vers la dégradation physique et morale. Il a connu des célébrités, quelques voyous, des gens de tous ordres, analphabètes ou particulièrement cultivés, des escrocs, des voleurs, des trafiquants, des malades, des marginaux...

Il a parfois tenté de réagir mais il a surtout menti, menti à lui-même aussi bien qu'aux autres, à sa famille, à ses amis, il a détruit, gâché tant de choses que sa mémoire doit faire des efforts pour éviter d'en garder la trace.

Sa première hospitalisation n'a duré que deux semaines. En peu de temps il avait retrouvé l'apparence d'un être sensé qui pouvait quitter l'hôpital. Quelques semaines après sa sortie il a fallu l'hospitaliser à nouveau. Lorsque les ambulanciers l'ont transporté, il portait un vieux pantalon informe et une chemise trouée. Assommé de médicaments, il a vécu les semaines qui ont suivi dans une brume parsemée d'éclairs, de désespoir, de honte, de culpabilité, incapable encore de répondre à la question qu'on ne lui avait pas encore posée : « Comment en êtes-vous arrivé là ? »

Cela a duré... Il ressortait pour revenir un peu plus tard... Cela a duré jusqu'à ce que sa famille le fasse interner. H.D.T., hospitalisation à la demande d'un tiers. Il n'était désormais plus libre d'aller et de venir, il portait pour tout vêtement le pyjama bleu de l'administration, il lui était interdit de sortir ne serait-ce que cinq minutes pour aller acheter des cigarettes à la cafétéria de l'hôpital, il devait, partout où il allait, être accompagné d'un infirmier même pour se rendre d'un service à un autre.

Et pourtant, en quelques semaines, il réussit à donner le change, à rassurer les médecins qui lui permirent de sortir de temps en temps et de porter des vêtements « civils ». Il enfila son jean, retrouva un billet au fond d'une poche... une demi-heure plus tard, il était de retour à demi conscient, vacillant et incohérent.

Les médecins ne savaient pas à quoi était dû son état, alcool, barbituriques, drogue... jusqu'à ce que le résultat d'une analyse leur révèle des traces d'opiacées dans les urines... héroïne !

Ce qui désarmait les médecins c'était ses changements d'attitude. Lorsqu'il racontait ce qu'il avait fait un mois ou un an plus tôt, il était confus au point de ne plus se souvenir du nom des médicaments qu'il avait absorbés, des toxiques qu'il avait pris. Parfois, il allait mieux, parlait d'une voix claire et précise, expliquant son parcours, retraçant les étapes de son passé, évoquant des explications, des excuses.

Les médecins redoutaient que, physiquement, son système nerveux n'ait été atteint et le soumettaient à des tests et des analyses qui se révélaient normaux.

Bertrand ne comprenait toujours pas le sens de son hospitalisation forcée. Il se sentait prisonnier, il l'était et refusait de se confier véritablement à l'équipe soignante, sauf pour se plaindre de son manque de sommeil ou de malaises qui lui faisaient parfois perdre conscience et qu'il attribuait à son traitement.

Il avait perdu tout sens des réalités, perdu le contrôle de sa vie, de ses pensées comme de ses actes.

Son appartement avait été vidé, ses affaires dispersées, ses filles prises en charge par sa famille. Elles lui téléphonaient de temps en temps. Il essayait de donner le change autant à elles qu'à lui-même : « Je vais tout à fait bien, c'est l'affaire de trois semaines. Je ne peux pas passer ma vie dans cet asile de fous... » Elles répondaient avec précaution : « Il serait préférable que tu restes quelque temps, il ne faut pas que cela recommence encore une fois, il faut que tu guérisses... » et pour ne pas lui donner de motifs supplémentaires d'inquiétude, elles ajoutaient : « On s'en sort très bien, ne te fais surtout pas de soucis... »

Il était envahi de souffrance, de honte et de dégoût, de mépris, de remords... mais il n'arrivait toujours pas à comprendre la question qu'il lisait dans les yeux des médecins ou des infirmières : « Comment en êtes-vous arrivé là ?... » Il sentait leurs regards observateurs, vaguement étonnés... Comment une telle dégradation a-t-elle pu avoir lieu ?

Ses journées se passaient dans un vide absolu, vide d'activité comme de pensées. Les jours, les semaines, les mois s'égrenaient comme les années qui avaient précédé dans un brouillard épais et parfois volontaire.

Il pouvait bavarder avec les infirmières, s'intéresser à leurs problèmes, les questionner sur leur carrière, leurs études, leur vie privée, mais il n'arrivait pas à se mêler aux malades, il ne se sentait pas comme eux, il ne comprenait pas sa présence dans ce service psychiatrique.

Il disait aux médecins : « On ne peut établir de véritable lien thérapeutique lorsque la confiance est absente. Il faut que le psychiatre et le malade puissent parler librement. Mon internement forcé m'empêche de penser à autre chose qu'au jour où je pourrai m'en échapper, nos relations sont faussées. Je fais semblant d'aller mieux, avait-il la lucidité de dire, pour que vous m'accordiez une permission et que je puisse sortir ne serait-ce qu'un après-midi... »

Il refusait de voir comment et pourquoi on avait dû l'interner contre son gré.

Et puis un jour, lentement, par à-coups, il a compris. Compris qu'il était véritablement et profondément malade. Il s'est découvert dans un miroir, un éclairage nouveau s'est fait, il lui a semblé qu'il se réveillait, il a découvert un être qui, depuis des années, vivait dans un rêve et tentait de faire partager ce rêve aux autres pour conserver une face, mimant de fausses améliorations, capable de donner le change, de prendre l'apparence d'un individu normal, habillé convenablement, rasé de frais, empli de projets professionnels, il suscitait de faux espoirs dans son entourage mais il n'envisageait pas de se soigner. « Je change de vie quand je veux. »

Dans le miroir il découvrit un être qui était mort et qui pendant toutes ces années avait fait les gestes de la vie. Il comprit qu'une faille profonde le traversait : il était toxicomane comme il était brun, ce qui l'avait mené à la drogue était la marque d'un mal qui existait en lui bien avant qu'il ait fumé sa première pipe d'opium ou avalé son premier comprimé de somnifère.

Par la fenêtre de sa chambre, il voyait les branches d'un arbre se couvrir de givre, puis les bourgeons réapparaître, le feuillage enfin prendre des teintes rousses.

Il se souvint de son passé, de sa vie « d'avant ». Il tenta de retrouver les habitudes qu'il avait eues des années plus tôt et comme il avait écrit des romans, il voulut savoir s'il était à nouveau capable d'inventer des situations et des personnages, de raconter, d'imaginer, de créer...

Et cela donna ces pages, mêlant ses souvenirs d'Afrique, sa peur devant la mort et les descriptions de l'atmosphère du service où il se trouvait... en passant par des relations plus personnelles avec une handicapée mentale.

Puis il s'arrêta et passa plusieurs semaines, inspiration tarie, devant une feuille blanche, expliquant son impuissance par les contraintes qui pesaient sur lui et qui occupaient son esprit. Enfin il comprit qu'il se trompait de sujet. Il se mentait une fois de plus, ce dont il voulait parler, ce dont il ne pouvait que parler, c'était de lui... de cet homme qu'il ne reconnaissait pas dans le reflet d'une vitre, de ce qu'il avait fait, de ce qu'il avait subi, de ce qu'il avait fait subir aux autres, et notamment à ses filles ! de ce qui l'avait mené de la forêt biafraise à la chambre de cet hôpital aux murs gris.

Il hésita quelque temps parce que si on écrit c'est avec l'espoir, le désir d'être lu. Il hésita, craignant de détruire définitivement ce qui restait d'illusions autour de lui, puis il pensa que ces illusions n'existaient que dans son esprit ; il ne surprendrait personne, ni sa famille qui l'avait fait interner, ni ses filles qui avaient vécu avec lui ces dernières années, ni ses voisins qui l'avaient vu tituber comme un homme ivre, ni ses anciens amis qui faisaient semblant de ne pas le reconnaître dans la rue...

Il venait de prendre conscience qu'il avait été en manque toute sa vie et qu'il avait comblé ce manque par toutes sortes de moyens, par le travail, par les voyages, par l'écriture, par l'amour pendant longtemps, puis par la drogue ou par l'alcool. Des reportages de guerre aux rails d'héroïne, tout était relié.

Mais ce qu'il écrit a-t-il un sens ? Il ne s'agit plus d'un roman, veut-il raconter ses souvenirs, sa double vie ? Est-ce une confession, un acte suicidaire supplémentaire, est-ce une tentative pour montrer aux médecins qu'il peut faire autre chose qu'attendre, le regard vide, que passent les journées dans les couloirs de l'hôpital ? Est-ce un mensonge de plus qui lui donne l'impression de travailler, de créer, ou une nécessité de canaliser cette énergie qui parfois renaît ?

Il mélange tout, l'époque où il voyageait, témoignait, découvrait, et celle où il passait des heures à attendre l'arrivée du dealer. Veut-il décrire un monde aussi étrange qu'une tribu africaine avec ses rites, ses personnalités, ses habitudes, son histoire ? Veut-il aller jusqu'au bout d'une déchéance en la rendant publique, veut-il s'en relever en assumant son passé ? S'agit-il d'une provocation, d'une évocation, d'une simple manière de meubler ses nuits d'insomnie ?

Il ne veut rien prouver, ni justifier, ni excuser. Il est responsable de sa situation et de son état.

Peut-être souhaite-t-il simplement se différencier des autres malades qui font des fleurs en papier ou des cendriers de terre cuite dans les ateliers de l'hôpital pour meubler leurs journées.

S'agit-il d'une tentative de redonner un sens à sa vie, de se décharger sur le papier du poids de douleur, de culpabilité qui l'écrase ?

D'où lui vient cette frénésie à aligner les mots, à évoquer les années passées, quelle cohérence reste-t-il dans son esprit ?

Il passe des heures, des nuits, à noircir des pages qui, le matin, lui paraissent insensées. Il est habité par une sorte de haine envers tous ceux qu'il croise, allant à leur bureau, sortant des magasins, partant en vacances, promenant leurs enfants. Il ne parle presque plus, il n'ose plus se montrer. Il a honte de son visage marqué, de son aspect d'homme vaincu.

Trente années se sont écoulées depuis cette nuit où, en compagnie d'un jeune mercenaire, il prit l'avion et son chargement de grenades et ce jour où la réalité l'a rejoint. S'agit-il d'un dernier reportage dont il serait le sujet ?

Bertrand n'est pas devenu toxicomane du jour au lendemain. C'est lentement, inexorablement qu'il s'est enfoncé dans le monde de la drogue, qu'il a détruit, gâché, souffert, déçu mais aussi pris du plaisir...

Il s'est ruiné, tout ce qu'il avait a disparu.

Cela avait pourtant commencé comme une lune de miel...

Si sa première grande frayeur, il l'avait ressentie en Afrique, sa première pipe d'opium... deux événements distincts et pourtant liés... Sa première pipe d'opium c'est à Phnom Penh qu'il l'a fumée. Après une journée d'une extrême tension emplie d'émotions particulièrement fortes, d'angoisses particulièrement aiguës mais, paradoxalement, lorsqu'il y repense, une journée apaisante.

La capitale du Cambodge en guerre était encerclée par les Khmers rouges, et cette ville où s'entassaient plusieurs millions d'habitants et de réfugiés ne pouvait être ravitaillée que par le Mékong. A partir du Vietnam voisin des convois partaient chaque semaine et traversaient la zone contrôlée par les guérilleros communistes.

Lors de la saison des pluies le Mékong peut atteindre plusieurs kilomètres de large, en saison sèche les rives ne sont parfois distantes que de deux ou trois cents mètres.

Les convois de ravitaillement, après avoir remonté la partie vietnamienne du fleuve, abordaient le Cambodge au matin du troisième jour de navigation et n'atteignaient Phnom Penh que le soir.

A cinq heures du matin le jour se lève à peine sur le paysage de rizières asséchées parsemées de palmiers, le ciel est rose et gris. Le convoi sur lequel se trouvait Bertrand était composé de deux pétroliers japonais, d'une grosse jonque chinoise à moteur, de plusieurs navires de différentes tailles, d'un vieux cargo rouillé qui ne semblait flotter que par miracle et de quatre remorqueurs très puissants tirant les premiers des barges contenant deux mille tonnes de riz, les dernières deux mille tonnes de munitions.

A 5 h 30 apparurent le long du fleuve les premières épaves démembrées, brûlées, échouées sur les rives... un cimetière... « C'est là », dit le pilote en tendant le bras vers un coude du fleuve. Bertrand rentra la tête dans les épaules d'un dérisoire et instinctif mouvement, les marins descendirent à fond de cale et sur la dunette protégée de sacs de sable ne restèrent que le capitaine, le pilote khmer et le radio, un vieil Australien au visage rouge et ridé. Bertrand acheva de fermer le gilet pare-balles qu'on lui avait tendu pour qu'il soit protégé d'éventuels éclats et enleva le casque lourd qui lui pesait sur la nuque. La vitesse du convoi devait atteindre quatre nœuds à l'heure, c'est très lent, et cette lenteur devient terrifiante lorsqu'on approche, en le sachant, d'un endroit dangereux. Devant le cargo sur lequel se trouvait Bertrand, se traînaient les pétroliers et la jonque, un bateau ventru, rafistolé, déjà percé de nombreux impacts et surtout un des remorqueurs avec au bout d'un long, très long filin, deux mille tonnes d'obus et de cartouches.

Sur le cargo qui transportait un peu n'importe quoi, des pièces détachées de moteurs, des cigarettes, du whisky, des vêtements, trônait, arrimée sur le pont, une luxueuse Mercedes blanche scintillant de tous ses chromes. Une Mercedes destinée sans doute à un général qui avait fait fortune dans un trafic quelconque, une Mercedes pour une ville encerclée, dans un pays où toutes les routes étaient coupées et où l'on ne pouvait pas faire plus de dix kilomètres dans un sens ou dans un autre !...

A 5 h 35 l'embuscade commença. Cela débuta par un coup de feu isolé comme pour le départ d'une course sur un stade. Puis, tout aussitôt, le silence que nul n'avait remarqué et qui n'était troublé que par le lent halètement des bateaux fut envahi, submergé, recouvert d'un mitraillage, tirs d'armes automatiques, explosions de roquettes, départs de mortiers...

Les Khmers rouges, retranchés dans les fortins creusés sur la rive, protégés par des murs de latérite aussi durs que la pierre, tiraient comme à l'exercice sur ce défilé poussif. Ils n'étaient heureusement pas suffisamment équipés de matériel lourd, ils ne possédaient que quelques mitrailleuses, des lance-roquettes et un ou deux mortiers légers.

Contrairement à ce que l'on pourrait croire, les navires sont très résistants aux balles et ne coulent pas au premier trou, les roquettes n'explosent pas toujours où il faut, les explosions ne sont d'ailleurs pas très spectaculaires, une simple bouffée de fumée et un petit orifice d'un ou deux centimètres de diamètre ; ce qui est dangereux c'est le souffle et surtout les éclats, des centaines de morceaux de métal qui transpercent tout. Les marins savent cela et ils descendent à fond de cale au-dessous de la ligne de flottaison.

Les tirs se concentraient sur les dunettes des remorqueurs, les postes de pilotage des pétroliers, la dunette du cargo où se tenait Bertrand dont l'angoisse avait soudain disparu et, bien entendu, sur les barges des munitions protégées elles aussi de sacs de sable entassés sur les caisses d'obus.

En général, l'essentiel des convois atteignait Phnom Penh, deux ou trois navires brûlaient, explosaient ou s'échouaient, ce qui revenait au même pour l'équipage, car les Khmers rouges ne s'encombraient d'aucun prisonnier.

A 5 h 40 une première roquette frappa le cargo sans causer de dégât ; à 6 heures on vint avertir le capitaine que deux matelots malais restés dans l'entrepont avaient reçu des éclats d'obus. Le pilote, un Khmer qui connaissait parfaitement le fleuve, ses hauts-fonds, ses îles à fleur d'eau et ses bancs de sable, avait demandé au capitaine de pousser les machines à fond ; la vitesse du cargo monta donc à six nœuds, ce qui était toujours très lent, mais permettait de doubler les autres embarcations. Au moment où le cargo entreprit de dépasser la barge de munitions, le pilote porta la main sur l'effigie du Bouddha qui pendait à son cou. Si la barge explosait, il ne resterait rien dans un rayon d'un kilomètre.

Il fallut près d'une demi-heure pour dépasser la barge, une demi-heure pendant laquelle elle reçut un grand nombre d'impacts de balles et plusieurs roquettes. Les munitions empaquetées, protégées, cloisonnées, n'explosèrent pas à ce moment-là.

Lorsque le cargo fut à l'abri vers 7 heures du matin, loin devant toutes les autres embarcations, Bertrand vit la barge prendre feu. Ce furent d'abord des flammèches dans un coin puis des flammes plus hautes, rouges et dégageant une épaisse fumée. Les petites vedettes de la marine khmère qui tentaient de protéger le convoi en tirant au hasard sur les berges, s'approchèrent pour tenter d'éteindre l'incendie, des marins montèrent sur les munitions et à grand coups de pelle ou d'extincteur ils essayèrent d'arrêter la progression des flammes. Cela dura de longues minutes, puis une partie du chargement explosa en une étincelante gerbe de feu. Bertrand crut apercevoir parmi les débris qui retombaient un ou deux corps désarticulés. Le feu continuant, le capitaine du remorqueur préféra couper le filin et abandonna la barge qui, après avoir heurté une île, dériva vers la berge en explosant par intermittence. On voyait d'abord une boule de feu éblouissante puis le son parvenait jusqu'au cargo, un choc sourd qui faisait vibrer l'air.

A 8 heures le convoi avait traversé la zone de la première embuscade et vers 9 heures atteignit un port. Un port ! Neak Luong, ce qui avait été un village de pêcheurs et qui n'abritait plus qu'une poignée de soldats enterrés dans des abris. Ils avaient pour mission de protéger les rives du fleuve en contrôlant les berges mais ils ne pouvaient franchir les barbelés de leur camp sans se faire tuer.

Quelles que soient les circonstances, l'arrivée de navires apporte un peu d'animation. Une douzaine d'hommes approchèrent du cargo à bord d'un canot pneumatique. Ils saluèrent des amis, s'enquirent de la violence de l'attaque, « au son cela avait l'air d'être moins violent que la semaine dernière », compatirent en évoquant les pertes...

« Ils ont renoncé à prélever leurs taxes habituelles », dit le radio australien qui achevait une petite bouteille de whisky entamée au début de l'embuscade. « A quoi cela leur servirait-il ? Ils sont isolés, encerclés, coupés du monde, personne ne se soucie de leur sort, ils savent qu'ils sont abandonnés et que nul ne leur portera secours le moment venu... » et ce moment semblait très proche... « Ils ont tous autour du cou une écharpe blanche bénie par les bonzes, destinée à les protéger des balles ; alors ils pensent que c'est à la machette qu'ils seront décapités... Ils prélèvent seulement des cartouches de cigarettes... »

A 10 h 30 le convoi reprenait sa course sous un soleil de fer qui faisait vibrer l'eau et dessinait d'étranges halos autour des navires. La campagne était déserte, les champs asséchés à cette saison accentuaient l'impression de désolation. De loin en loin on apercevait dans un bouquet de palmiers le toit pointu d'une pagode ou de la tombe d'un saint. Une seconde embuscade eut lieu vers l'heure du repas, une troisième en milieu d'après-midi, moins violentes peut-être. A 6 heures le soir tombait et l'on distinguait au loin les silhouettes des monuments de Phnom Penh qui se détachaient sur un ciel se teintant de mauve et d'une gamme de rouge allant du rose au pourpre. Dans l'obscurité qui, déjà, recouvrait la campagne on pouvait voir tout autour de la capitale les fusées éclairantes lancées des fortins entourant Phnom Penh, lueurs scintillantes qui tombaient paresseusement et entouraient la ville d'une guirlande de fête.

« Il faudrait écrire une esthétique de la guerre, dit le radio australien en jetant loin de lui sa bouteille de whisky, il y a des moments d'une intensité dramatique, des périodes d'attente interminables, des émotions. Il y a finalement assez peu de sang, même s'il y a beaucoup de souffrance... On tue peu, même si l'on meurt beaucoup, il y a un climat particulier, la mort est partout présente mais les gens vivent avec force, tout semble permis puisque l'on ne peut plus rien.

– Taisez-vous », lui dit Bertrand.

Le convoi n'avait pas trop souffert, une vingtaine de tués et de blessés sur les bateaux, seule la barge de munitions était perdue, et le responsable du cargo, qui s'était réfugié dans le petit mess pendant tout le trajet, avait cessé de se frapper la tête contre la cloison en marmonnant des incantations confuses. C'était le fils d'un armateur chinois du Cambodge qui devait participer à chaque trajet pour éviter que son navire ne soit détourné, pillé ou vendu.

Les marins réapparaissaient sur le pont, des hommes maigres, recrutés dans tous les ports de la région, ils venaient de Malaisie ou des Philippines, de Singapour ou du Vietnam. Ils risquaient leur vie à chaque voyage, ils voyaient leurs camarades blessés se cramponner au bastingage ; leurs salaires devaient être importants, importants pour eux, dérisoires par rapport à ceux des officiers européens ou du radio australien.

Ce fut ce soir-là qu'il fuma sa première pipe d'opium. Comme les ouvriers qui se retrouvent après le travail autour d'une bière pour se détendre, les hommes du convoi se dispersèrent dans les diverses fumeries de la ville. C'étaient, de toute façon, les seuls endroits ouverts après le couvre-feu.

Le capitaine du cargo, le radio et le pilote qui faisaient et refaisaient ce trajet chaque semaine, un matelot blessé à l'épaule, que les hôpitaux avaient refusé d'admettre faute de place et de médicaments et dont la blessure quoique douloureuse n'était que superficielle, emmenèrent Bertrand qui voulait vivre jusqu'au bout cette journée entamée avec eux, ces émotions qui avaient atteint des apogées inoubliables.

Allongés sur des bat-flanc de bois, dans une grande pièce enfumée, des hommes se faisaient face, les jambes repliées, séparés par un plateau. L'opium est un produit qui ne se consomme pas à la sauvette, il y a une attente, une préparation, presque un rituel. Le « boy-pipe », le préparateur, commence par disposer les instruments devant lui : la pipe de bambou, le fourneau de la pipe, des aiguilles, des coupelles, des récipients, des flacons, des racloirs ; tout est bricolé dans des manches de tournevis ou des rayons de bicyclette lorsqu'on se trouve dans une fumerie populaire, mais ils prennent un aspect liturgique dans cet environnement ; tout cela est disposé autour de la lampe, une lampe à huile, élément essentiel, col évasé, corps marqué d'idéogrammes.

Le boy-pipe commence par insérer le fourneau de terre cuite dans l'embout de la pipe qu'il pose à côté de lui, choisit une aiguille, la plonge dans le flacon d'opium, recueille une goutte d'un liquide brun huileux, presque noir. Il présente cette goutte à la flamme de la lampe et, à l'aide d'une seconde aiguille, il malaxe, pétrit, travaille la drogue qui prend des tons mordorés allant de l'ambre au jaune clair. Des bouffées de fumée s'en échappent dégageant une odeur lourde, épicée, une sorte de parfum avec un arrière-goût de pourriture.

Puis, lorsque l'opium est cuit à point, après avoir lissé la boulette, il la fixe au centre du fourneau d'un mouvement rapide et sec, retourne le bambou dont il présente l'extrémité au fumeur en attirant son attention par deux coups brefs frappés par l'aiguille, le fumeur approche alors le fourneau de la flamme de la lampe et aspire le produit d'une seule inhalation produisant un long grésillement.

On ne fume qu'une seule pipe à la fois et le rituel recommence pour chacune. Bertrand regarda, fasciné, la préparation de sa première pipe et les mouvements presque hypnotiques des aiguilles maniées par le boy-pipe. Des nappes de fumée stagnaient autour des bat-flanc assourdissant les conversations presque murmurées des fumeurs ; par la fenêtre à claire-voie parvenait le claquement répété des plaquettes de bois frappées par un marchand ambulant de soupe chinoise appelant les passants ; au loin on entendait la lancinante mélopée des bonzes d'une pagode voisine qui se rendaient à la prière en récitant un texte sacré... Ce fut dans ces conditions que Bertrand fuma sa première pipe d'opium.

Cette fumerie n'était pas la seule. Il en existait d'autres dont une, presque en face de la première, qui était beaucoup mieux fréquentée. C'est là qu'après avoir fumé sa première pipe, Bertrand se rendit, conduit par le capitaine.

Là, sur des nattes propres, on vous vêtait d'un sarong pour que l'on soit plus à l'aise dans ses mouvements, on vous servait du thé vert, on vous proposait le service d'imposantes matrones qui pratiquaient des massages déconcertants mais efficaces, on rencontrait les Européens de Phnom Penh qui dédaignaient le contact des coolies, les journalistes en poste dans la capitale, les représentants d'organisations internationales, le conseiller culturel d'une ambassade occidentale.

Ici aussi on fêtait l'arrivée du convoi, le conseiller culturel allait enfin pouvoir acheter des cigarettes américaines... On parlait des combats ou plutôt de la guerre, car les combats c'est la boue et le sang et la guerre ce sont des chiffres et des mots, on y évoquait des problèmes diplomatiques, on s'y délassait en bonne compagnie en jouant avec des phrases et en tirant sur une pipe qui, elle, était d'ivoire.

La personne qui officiait était une minuscule vieille femme ridée, sans âge, dont on disait qu'elle avait été la maîtresse d'un prince et que l'ancien roi du Cambodge avait fait venir à Phnom Penh, en la payant fort cher, depuis la cour de Hué au Vietnam où elle pratiquait déjà son art.

Etaient-ce les pipes qu'il venait de fumer, l'atmosphère de club anglais où il se trouvait soudain plongé, les conséquences de la journée qu'il venait de passer ? Bertrand eut l'impression qu'il venait de quitter un monde de fous pour se retrouver dans une certaine réalité. Ce qui était au-dehors, ces marins qui avaient sauté en essayant d'éteindre à coups de pelle l'incendie de deux mille tonnes d'obus, ces militaires abandonnés seulement protégés par une écharpe blanche, ce propriétaire du cargo qui transportait une Mercedes, ces soldats qui illuminaient les abords des fortins d'où ils n'osaient sortir, ce blessé que l'on ne pouvait soigner, ces réfugiés qu'il avait entrevus en se rendant à la fumerie et dont le monde se limitait à une bâche de plastique bleu tendue entre les pylônes d'un ancien casino... Etait-ce tout cela ? Mais Bertrand eut l'impression, la certitude, que la fumée qu'il venait d'aspirer était, elle, plus réelle ; c'était elle qui lui permettait de sourire au diplomate, de se mêler aux conversations, de plaisanter, d'énumérer les morts et les blessés, d'évoquer les souffrances qu'il avait observées, de parler d'un monde qui brûlait, qui agonisait d'une manière atroce mais qu'il savait pouvoir quitter le lendemain car il avait, lui, dans la poche arrière de son jean, un passeport et un billet d'Air France pour Paris.

D'une certaine manière, Bertrand se sentait un

voyeur ; quel que soit son engagement, quels que soient les risques qu'il prenait, quel que soit l'intérêt qu'il portait aux autres, il pouvait, du jour au lendemain, retrouver le confort et le calme.

Ces photos qu'il avait prises, ces explosions, ces incendies comme ces diplomates parlant de statistiques, de nombre de personnes déplacées, de relations internationales, tout cela n'était qu'un mensonge, qu'une façade, qu'une folie, le monde avait changé de sens comme un fleuve change de cours, la réalité n'était plus nulle part, elle ne pouvait pas être vécue ou alors il ne fallait surtout pas y entrer.

C'est pourquoi Bertrand fuma une nouvelle pipe d'opium sans remords, sans souci, sans culpabilité, sans même le plaisir vaguement exotique qu'il avait trouvé à la première. Cette pipe-là était une nécessité pour lui permettre de continuer à fonctionner, à se lever le lendemain, à prendre des rendez-vous, à interviewer le conseiller culturel qui s'était réjoui de la mort de vingt personnes puisqu'il allait de nouveau pouvoir fumer des Marlboro, à envisager d'autres reportages, à assister à d'autres événements, à photographier ou à filmer d'autres combats... des combats terrestres parce qu'il avait décidé de ne plus jamais remettre les pieds sur un navire ; à terre on peut toujours se mettre à l'abri.

Des combats terrestres ; là encore il eut l'impression de vivre en pleine démence... Au centre de Phnom Penh se dressait un bel hôtel datant de l'époque coloniale. Un grand bâtiment blanc à colonnades ; vastes chambres, fraîcheur des halls, décoration des années 30, boys en blanc, jardins fleuris, piscine entourée de jeunes femmes dégustant des boissons colorées, repas présentés sur des plateaux d'argent...

Dans l'une des pièces de cet opulent bâtiment se tenait, pour plus de commodité pour la presse occidentale, une salle d'information dans laquelle un officier brillamment galonné et parfaitement bilingue pointait sur une carte d'état-major les endroits du « front » où il se passait quelque chose d'« intéressant », c'est-à-dire où des paysans de quinze ans illettrés et des étudiants enrégimentés se battaient à coups d'obus et de rafales de M16, contre d'autres paysans du même âge également illettrés mais un peu mieux convaincus qui, eux, tiraient à la Kalachnikov après avoir, la nuit précédente, exécuté les ennemis d'un régime qu'ils voulaient imposer, qu'ils allaient imposer, c'est-à-dire tous ceux qui parlaient une langue étrangère, possédaient quelques hectares de plus que les autres ou ceux qui gagnaient leur vie en vendant des marchandises de première nécessité. Ces mêmes paysans allaient dans les mois suivants, et Bertrand savait cela, remporter la victoire, vider les villes de leurs habitants, les condamner à mourir de soif, de faim, de maladie ou d'épuisement, allaient exterminer des milliers d'intellectuels... des paysans de quinze ans vêtus de noir.

C'est donc vers ces endroits intéressants que la presse se rendait et le lendemain Bertrand s'y dirigea comme les autres journalistes, le billet d'Air France et le passeport dans la poche arrière de son jean.

Y aller était simple, le « front » n'était déjà plus très

éloigné de la capitale, il suffisait de prendre un taxi, une de ces limousines climatisées qui stationnaient devant l'hôtel et au lieu de demander : « Chauffeur, trouvez-moi une jolie fille », on disait : « Chauffeur, au front ! » C'était d'ailleurs presque inutile, le chauffeur de taxi connaissait aussi bien que l'officier de presse les endroits où l'on se battait et il démarrait instantanément. Le chauffeur de Bertrand s'arrêtait aux barrages routiers, déposait dans les mains tendues les billets qui tenaient lieu de laissez-passer.

On parcourait une campagne tranquille et paisible où, comme si de rien n'était, des paysans s'activaient dans les rizières ou menaient en file indienne des troupeaux de canards.

A l'approche de l'endroit intéressant, le chauffeur ralentissait. On commençait à entendre de sourdes explosions et à apercevoir des panaches de fumée. Quelquefois une pagode était en feu, les pagodes brûlaient souvent, ces constructions servaient volontiers d'abri ou de P.C. aux uns comme aux autres.

Des arbres décapités par les obus dressaient leurs silhouettes tronquées et les paysans se faisaient plus rares. En fonction de l'intensité et de l'étendue des combats, la voiture climatisée croisait plus ou moins de charrettes tirées par des bœufs, des charrettes au timon recourbé où s'entassaient ballots, animaux et marmaille. Des gens qui venaient de tout perdre, leurs biens, leurs maisons, parfois une partie de leur famille, dont les rares bijoux d'or avaient été volés par les soldats, dont les filles avaient parfois été violées et pour qui la vie venait de s'arrêter.

Leur seul avenir étant un carré de plastique bleu dans un enclos pour réfugiés et deux louches de riz par jour distribuées par une organisation caritative.

Des uniformes commençaient à apparaître, la voiture s'immobilisait, un officier s'approchait et saluait à la khmère. Ce salut khmer qui paraît empreint d'une très grande politesse car il consiste à joindre les mains, paumes réunies, contre la poitrine avec une légère inclinaison du buste dans un geste qui évoque un peu une prière, mais ces gens qui saluaient portaient un pistolet mitrailleur en bandoulière et un coutelas à la ceinture.

Et l'on vous conduisait, à la demande, et Bertrand le demanda, après les entretiens, interviews et témoignages usuels, vers un endroit où l'on pouvait avoir une vue d'ensemble de l'offensive ou de la contre-offensive, selon les cas. On apercevait des hommes allongés, des mortiers à demi enterrés, des véhicules blindés qui avançaient lentement vers une zone de broussaille et de palmiers d'où, parfois, jaillissait la silhouette d'un homme vêtu de noir qui s'abattait sur le sol.

Dans le ciel passaient des hélicoptères, l'officier de presse vous prévenait de leur arrivée afin que vous ayez le temps de pointer votre objectif vers le ciel, le vacarme était élevé, parsemé de plages de silence inattendues pendant lesquelles on entendait les ordres donnés par les officiers dans la langue khmère aux sonorités à la fois gutturales et chantantes. A l'écart, sous un abri de chaume, étaient allongés des blessés attendant d'être évacués, des adolescents aux regards vitreux qui ne semblaient étonnés ni d'être filmés ni de devoir mourir. Ils portaient tous, pendue à la poitrine, une effigie de Bouddha vers laquelle leurs mains se portaient instinctivement comme la main de Bertrand vérifiant la présence de son passeport et de son billet d'avion.

Il était ce jour-là un peu plus pâle que d'habitude et ses doigts tremblaient un peu en tâtant les contours de ses documents. Il eut soudain envie de les déchirer et de rester parmi les blessés comme il avait eu envie de rester auprès du cadavre de la jeune fille qui était morte en se prosternant devant son objectif quelques années auparavant au Biafra.

Et Bertrand ressentit cette sensation qu'il connaissait si bien l'envahir, se répandre dans son corps, si fort qu'il lui sembla que son esprit se fendillait et vibrait.

Ce jour-là, il revint un peu plus tôt que d'habitude à l'hôtel. Les véhicules blindés avaient parcouru une dernière fois le champ de bataille... L'expression « théâtre des opérations » vint à l'esprit de Bertrand... pour ramener les corps des tués car les soldats savaient, ils le faisaient eux-mêmes, que leurs ennemis, après s'être emparés des cadavres, leur ouvraient le ventre, en extrayaient le foie et le mangeaient pour obtenir la force et le courage de l'homme qui était mort.

Parmi les corps ramenés par les véhicules se trouvait un blessé, un photographe français que Bertrand avait rencontré au départ du convoi lors de sa remontée du Mékong. Le photographe avait fait le trajet sur le remorqueur dont la barge avait pris feu et ils ne s'étaient pas revus depuis. Il s'était avancé au milieu d'un groupe de soldats quelques heures plus tôt, et comme personne n'avait remarqué son absence, il serait resté dans les chaumes de la rizière, perdant son sang, et aurait été exécuté par les Khmers rouges la nuit venue s'il n'avait été récupéré par hasard. Sa blessure à la cuisse n'était pas grave mais l'immobilisait totalement. Il fallut le transporter à l'hôpital où l'on trouva pour lui le lit et les médicaments qui avaient été refusés la veille au marin blessé.

Après l'avoir quitté, Bertrand se rendit, seul cette fois, à la fumerie, seul et pour lui seul. Renonçant aux matrones et à l'officiante renommée, Bertrand opta pour la fumerie populaire dont le tenancier était un ancien adjudant de l'infanterie coloniale. Bertrand qui avait fait son service dans cette arme trouva plaisante la coïncidence et, lorsqu'un client prononçait au milieu d'une phrase khmère l'expression « mon adjudant », il songeait que tout cela était encore plus irréel. Bertrand fuma sa quatrième pipe suivie de plusieurs autres...

La fumée prenait de plus en plus de réalité.

Le séjour de Bertrand à Phnom Penh dura trois semaines et chacun des soirs de ces trois semaines, alors que le mauve du crépuscule envahissait le ciel où se découpaient les silhouettes des palais et des pagodes, alors que les prostituées en cyclo-pousse parcouraient les avenues ombragées de la ville, que les Jeeps des gendarmes mettaient en place des barrages destinés à interdire toute circulation mais qu'on pouvait franchir avec un billet, chacun de ces soirs, Bertrand se rendit à la fumerie. Presque toujours celle de l'adjudant, deux ou trois fois peut-être dans celle d'en face pour y rencontrer le conseiller culturel chez lequel Bertrand semblait percevoir une certaine sensibilité soigneusement et volontairement cachée par des phrases semblables à celles qu'il avait prononcées en soulignant qu'une vingtaine d'hommes avaient perdu la vie pour des cigarettes américaines et pour la Mercedes d'un général.

Lui aussi avait dans sa poche un billet et un passeport, un passeport diplomatique qui plus est.

Pendant son trajet de retour Bertrand fut malade. A l'heure où décolla le Boeing d'Air France, et qui correspondait approximativement à l'heure où il se rendait chez l'adjudant, il fut pris d'un inexplicable malaise, un malaise jamais ressenti auparavant. Des crampes tétanisaient ses muscles, son estomac se tordait, sa tête lui semblait sur le point d'éclater. Pas un de ses organes, pas une partie de son corps qui ne fût douloureux.

Il éprouvait, sans le savoir, sa première crise de manque, une crise d'une violence insoutenable, un retour brutal à une réalité avec laquelle il avait joué.

Ce malaise persista plusieurs jours, s'atténuant à peine ; aucun médecin consulté ne lui avait trouvé quoi que ce soit d'anormal et lorsqu'il parla de son état à l'un de ses amis, plus âgé que lui, et qui avait beaucoup vécu en Asie, celui-ci éclata de rire et l'invita chez lui le soir même.

C'est ainsi que Bertrand fuma sa première pipe d'opium parisien.

Dans un salon du VIe arrondissement, cinq ou six personnes étaient allongées. Il y avait là un écrivain célèbre, un cinéaste de talent, un haut fonctionnaire et deux femmes plus jeunes et très belles que la lumière tamisée et le vacillement de la flamme de la lampe à huile rendaient encore plus mystérieuses.

Le maître de maison avait la tête posée sur un oreiller de porcelaine. Devant lui, sur un plateau de laque noire, s'étalaient les instruments de fumerie mais des instruments qui étaient autant d'objets rares. Ces pipes, ces aiguilles, ces récipients que Bertrand avait découverts à Phnom Penh, il les retrouvait là, comme autant d'objets précieux, d'argent, de jade ou d'ivoire, gravés, monogrammés, aux courbes harmonieuses, aux proportions délicates.

« L'opium, lui dit l'écrivain célèbre, n'est pas seulement une drogue, c'est aussi un art, une culture. »

Qu'y a-t-il de vrai dans cette affirmation ? Cet art, cette culture, n'étaient-ils pas rajoutés pour recouvrir le sordide et l'esclavage ? Une question que Bernard ne se posa que bien plus tard.

Il découvrit là une autre réalité, tout aussi détachée de la vie que la première mais qui lui permettait de s'entourer d'illusions flatteuses ou pour le moins supportables.

Il y a une littérature de l'opium et de grands auteurs l'ont évoqué ; il y a des livres rares, en particulier *Le*

Livre de la fumée écrit par Louis Laloy vers 1910, édition de luxe, tirage numéroté, orné de gravures étranges. De Farrère à Cocteau des écrivains ont chanté la « fée brune ». *Les Confessions d'un opiomane anglais* de Thomas De Quincey et *Fumeurs d'opium* de Jules Boissière, sont des livres recherchés par les collectionneurs, des « must » que chaque fumeur se doit de posséder dans sa bibliothèque. On y retrouve les mythes, les légendes ou les récits, toute la poésie douteuse de l'épopée coloniale de la fin du siècle dernier, la mystérieuse Asie, les combats à la frontière du Tonkin, les pavillons noirs, des princesses romanesques, des officiers perdus, on y entrevoit des femmes alanguies. Un monde fascinant mais dont Bertrand ressentit plus ou moins consciemment qu'il était frelaté, un monde édulcoré, sans doute encore moins réel que celui qui existait à l'époque où il fut découvert, parcouru, décrit.

Bertrand fut cependant séduit par la marginalité dorée qui marquait les fumeurs d'opium parisiens.

Il y rencontra un collectionneur qui lui montra une pièce rare, une mallette de cuir contenant un nécessaire à fumer pour voyageurs.

Il avait dû être utilisé sur une couchette de l'Orient-Express ou dans la cabine d'un transatlantique. Il contenait tout l'appareillage du fumeur, pipe démontable, récipients d'argent, lampe miniature, flacons de cristal, logés dans des cavités de soie noire. C'était un maroquinier célèbre du Faubourg Saint-Honoré qui l'avait fabriqué.

De drogue on parlait à peine, le mot n'était jamais prononcé, on évoquait la fumée, on parlait du « produit ». Bertrand apprit à distinguer les opiums car il y va de l'opium comme du vin, il y a des crus, des années, des coupages. L'opium se bonifie avec l'âge, il acquiert un bouquet, une saveur ; son odeur et sa couleur peuvent changer, ses effets aussi. L'opium de l'Inde est banal, l'iranien mal raffiné, celui d'Afghanistan plus apprécié. Certains préfèrent celui du Laos, de la région de Xierg-Khouang. Le collectionneur montra à Bertrand une boîte d'étain de la « régie française de l'opium ». Car en Indochine l'opium était vendu légalement par l'administration coloniale.

Si le mot n'était pas prononcé, la drogue était pourtant présente. Cela ne gêna Bertrand que beaucoup plus tard. Il n'était pas un drogué, il était un fumeur. Hypocrisie bienheureuse... C'était pourtant le même produit, traité différemment, que s'injectait le toxicomane dans les toilettes d'un bistro de banlieue pour apaiser le tremblement d'un manque identique.

L'usage de l'opium, comme celui de l'héroïne, est réprimé par la même loi, mais l'opium parisien ne se procurait pas de la même manière. Pas de « dealers », de trafiquants, d'achats quotidiens, de rendez-vous dangereux, ni d'attentes interminables.

L'opium consommé par les amis que s'était faits Bertrand provenait essentiellement de deux filières. La première, qui dura jusqu'en 1975, partait de la mission militaire française au Laos. Il y avait alors dans ce pays en guerre, déchiré par des combats entre Nord-Vietnamiens et maquisards payés par le C.I.A., dévasté par des bombardements, envahi par les Américains, une mission militaire française, vestige d'une convention signée à Genève après la chute de Diên Biên Phu.

Les militaires français n'étaient pas nombreux et ne servaient strictement à rien mais les bâtiments qu'ils occupaient jouissaient du privilège d'extraterritorialité, c'était une enclave française, aux abords de la capitale. On y trouvait en l'occurrence un bureau de poste semblable à tous les bureaux de poste de France où l'on pouvait déposer cartes postales, courrier familial, souvenirs du pays ou cadeaux d'anniversaire exactement comme si l'on postait une lettre de Toulouse ou de Saint-Ouen. Le courrier timbré à l'effigie de Marianne était expédié en France par avion, hors de tout contrôle douanier.

L'ami d'un de ces personnages qui aurait blêmi sous l'insulte si on l'avait appelé trafiquant ou même opiomane était en poste à la mission militaire et expédiait régulièrement plusieurs kilos d'opium qui arrivaient à Paris deux jours plus tard et étaient délivrés par le facteur, dès le lendemain.

Ce qui permettait à chacun d'en bénéficier à un tarif tout à fait dérisoire puisque l'opium acheté à Vientiane au Laos ne valait que quelques milliers de francs le kilo.

Il y avait une seconde filière, à la mise en œuvre un peu plus compliquée, mais dont Bertrand fut, une fois, le bénéficiaire.

Un amiral à la retraite avait eu comme subordonné un fonctionnaire, employé par le ministère des Affaires étrangères et affecté au tri du courrier diplomatique. C'est lui qui ouvrait les valises diplomatiques qui, elles aussi, échappent à tout contrôle douanier.

Il suffisait que soit déposé dans une ambassade un colis adressé à un nom fictif pour qu'il récupère l'envoi et le fasse parvenir à l'amiral. La valise arrivait le mardi, l'opium était là le mercredi matin avec son courrier dans la boîte aux lettres du pavillon de banlieue de l'amiral.

Il fallait toutefois trouver un intermédiaire qui devait se rendre en Asie, choisir le produit, procéder à l'achat, emballer l'opium, le confier à un fonctionnaire soupçonneux d'une ambassade ou d'un consulat de France. Cela comportait un certain nombre de risques, l'intermédiaire se faisait payer assez cher mais cela fonctionna au moins une fois, à Bombay, et Bertrand put ainsi recevoir sa part d'un colis de quatre kilos d'un assez bon opium indien, ce qui lui permit de fumer tous les soirs pendant près d'un an, pour un investissement somme toute modique.

Son angoisse persistait mais il avait de plus en plus l'impression que la seule réalité véritable lorsqu'il rentrait de ses voyages, c'était cette fumée à l'odeur forte, entêtante, une odeur sucrée évoquant en même temps l'humus et les plantes en décomposition.

Une autre réalité était plus tangible encore, celle qui l'envahissait lorsqu'il n'avait plus de drogue et que le manque, le « nien », le prenait avec ses douleurs et sa dépression, une dépression infinie.

Il se plongeait alors dans sa bibliothèque de fumeur en attendant l'heure d'aller chez l'un des amis qu'il avait connus autour du plateau et qu'il continuait à voir, mais chez qui il ne pouvait débarquer à l'improviste. Il fallait respecter une certaine façade, une normalité. On se droguait certes, mais avec politesse.

Il trouvait un certain apaisement dans ses lectures comme si évoquer l'opium en faisait un peu ressentir les effets. Il apprit que l'opium fut méditerranéen avant d'être asiatique, les Egyptiens en connaissaient l'usage, des fresques montrant la récolte du pavot avaient été identifiées, les Grecs s'en servaient. Les femmes de Thèbes le buvaient en infusion pour calmer leur peine après la mort d'un des leurs car Thèbes était perpétuellement en guerre. Ainsi, après la morphine qui est l'une des composantes de l'opium, le second de ses principes actifs fut nommé thébaïne. C'est un chimiste allemand qui inventa l'héroïne après la Première Guerre mondiale pour soulager les innombrables blessés devenus dépendants de la morphine qu'on leur avait administrée pour soulager les souffrances dues à leurs blessures.

Pendant tout le Moyen Age, l'opium, sous le nom de thériaque, fut un médicament essentiel, combattant presque tous les maux, et bien sûr la douleur.

Au XVIIIe siècle, la Chine interdisait la consommation de l'opium, les tenanciers de fumerie étaient punis de mort et les usagers condamnés à de lourdes peines. L'opium était réservé à l'usage médical.

Le commerce avec l'Occident et en particulier avec la Grande-Bretagne était soumis à des conditions draconiennes, contrôlé par l'administration impériale, restreint à certains mois de l'année et circonscrit à une petite zone des entrepôts de Canton. La Chine, surtout, n'achetait rien. Les ordres impériaux étaient stricts et respectés par la guilde des commerçants. « La Chine n'a besoin de rien et n'attend rien de l'étranger. L'empereur consent à fournir les marchandises que viennent chercher les Occidentaux mais n'achète rien en échange. » Les transactions devaient être réglées sur-le-champ et en argent, pièces ou lingots, la guilde ne faisait ni crédit, ni escompte, ni troc.

La Grande-Bretagne, dont le commerce avec la Chine devenait particulièrement important au point qu'il s'était constitué au Parlement un « lobby » d'armateurs et de négociants, achetait de grandes quantités de thé, de soie, des porcelaines et d'autres marchandises.

Elle avait tout proposé pour rééquilibrer les échanges commerciaux, mais sans succès. Des tissus, des biens d'équipement, même des armes modernes. Rien n'était entré en Chine sauf de rares babioles, horloges ou automates destinés au vice-roi ou à l'empereur lui-même.

L'argent britannique s'écoulait comme un flot continu des caisses de la City au trésor impérial, à tel point qu'à la fin du siècle et plus encore après les guerres napoléoniennes qui avaient coûté fort cher aux Anglais, le Trésor britannique connaissait de graves difficultés.

La seule marchandise qu'acceptaient les Chinois, clandestinement et en encourant de grands risques, c'était l'opium que justement la colonie anglaise du Bengale produisait en grande quantité.

Des capitaines plus audacieux que les autres avaient commencé un trafic fructueux, débarquant dans de petits ports de la Chine du Sud des caisses d'opium que les acheteurs chinois étaient trop heureux de régler rapidement et discrètement en pièces d'argent.

La Grande-Bretagne entreprit donc de développer cette contrebande qui prit très vite un grand essor et devint quasiment officielle, l'opium étant transporté ouvertement par les navires de la compagnie des Indes. Tout cela grâce à la corruption de l'administration chinoise et à celle du vice-roi de Canton qui trafiquait pour son compte personnel. Les échanges se rééquilibrèrent puis, les livraisons d'opium augmentant, se déséquilibrèrent, mais cette fois au détriment de la Chine.

La loi impériale n'était plus respectée, des caisses d'opium s'entassaient aux yeux de tous sur les docks de Canton, le trésor se vidait et surtout la drogue se répandait d'une manière inquiétante au point que des mandarins s'alarmèrent et prévinrent l'Empereur de l'ampleur du problème. L'Empereur de Chine, le Fils du Ciel, voyait sa volonté bafouée, son argent disparaître et son peuple s'abrutir... Il prit conscience du danger et, fait historique et impensable quelques années plus tôt, il écrivit à la reine d'Angleterre, s'abaissant jusqu'à lui demander comme une faveur, lui le Souverain du Ciel et de la Terre qui tenait tous les étrangers pour des barbares, de mettre fin au trafic. « Comment pouvez-vous, lui écrivait-il, tolérer que l'on fasse chez les autres ce que vous interdisez pour vous-même ? »

Le Parlement britannique fut saisi de l'affaire mais le lobby des armateurs et des négociants était trop puissant, et, au nom de la liberté du commerce, l'opium continua à se déverser en Chine.

L'Empereur de Chine employa alors les grands moyens, il désavoua le vice-roi, nomma un autre mandarin en lui donnant l'ordre de faire respecter la loi chinoise.

Le nouveau vice-roi fit appel à l'armée, non pas l'armée régulière chinoise, mais les unités d'élite et la cavalerie mandchoue, garde prétorienne de l'Empereur, les entrepôts furent encerclés, les caisses d'opium saisies et brûlées publiquement.

Le choc fut énorme, les commerçants et les armateurs avaient perdu des sommes considérables, l'Angleterre avait été humiliée. Le Parlement britannique fut à nouveau secoué d'une crise mais, l'honneur britannique ayant été bafoué, le gouvernement de Sa Majesté envoya, c'était en 1839, une flotte de guerre et quarante mille hommes pour exiger des réparations et rétablir la liberté du commerce. Les navires de guerre anglais bombardèrent les ports, protégeant l'estuaire de la rivière des Perles, à l'entrée de Canton, bousculèrent les troupes chinoises et obligèrent l'empereur à accepter leurs conditions : remboursement des sommes perdues, libre accès à Canton, cession d'une île, Hong Kong, devant servir de base à leur commerce, ouverture de nouveaux ports aux échanges internationaux et surtout légalisation du commerce de l'opium.

Les trafiquants d'opium avaient gagné, il avait fallu une guerre pour cela, elle fut suivie de plusieurs autres, imposant à chaque fois de nouveaux avantages diplomatiques et commerciaux pour les étrangers... la dynastie mandchoue ne se remit jamais de cet affront, la loi céleste avait été bafouée, l'armée battue, la cour obligée de céder aux barbares... et l'opium avait envahi l'empire.

Le pays sombra vite dans l'anarchie, les étrangers se firent de plus en plus exigeants et arrogants, le peuple se révolta contre les barbares mais aussi contre la dynastie mandchoue. Un siècle de désordres, de guerre civile, de révolution s'ensuivit, tandis que, grâce à son commerce international, en particulier avec la Chine, la Grande-Bretagne devenait pendant ce même siècle le pays le plus puissant de la planète.

Bertrand s'était adonné à l'opium comme à une femme mais pas n'importe quelle femme, pas une femme de rencontre dont on ne recherche que l'étreinte, dont on n'attend que le plaisir, non, il s'y était adonné comme à une maîtresse que l'on fréquente discrètement mais que l'on est fier de montrer à son bras, à qui l'on offre fleurs et bijoux, qu'on ressent le besoin de voir tous les jours et surtout dont l'absence est insupportable.

Selon son origine, sa qualité, son âge, sa préparation, l'opium peut endormir ou faire rêver. Il plonge dans une douce béatitude ou, au contraire, donne au fumeur une énergie et une activité insoupçonnables. Il peut rendre mélancolique ou optimiste. Il apporte au corps un bien-être total et des idées à l'esprit. Il ne fait pas délirer ni halluciner. On peut garder le contrôle de ses actes, de sa vie, on peut aussi s'y laisser tomber au point de ne plus penser qu'à l'âcreté de sa fumée douce-amère. C'est une drogue. On en devient vite dépendant car son manque plonge dans la dépression et procure au corps une souffrance indicible, il devient une nécessité physiologique et psychologique au point que l'on peut tout lui sacrifier mais il continue à apporter le plaisir.

Bertrand s'y était adonné comme à une femme.

L'opium est une femme du monde, l'héroïne une fille des rues mais elles sont sœurs. On peut fréquenter la première sans jamais rencontrer l'autre car elles ne vivent pas dans le même milieu, mais si l'on tombe dans les bras de la fille des rues, elle ne vous lâche plus, vous tient par la jouissance d'abord, par la douleur après, on y perd son âme et on y brûle sa vie.

3

Dans le village que défendaient Jean-Pierre et ses hommes, les combats ont cessé pour l'instant.

Des accrochages ont lieu à deux kilomètres du camp de réfugiés où s'est installé Ferber. Les blessés sont rares mais les malades nombreux.

Bertrand est assis au chevet de Jean-Pierre ; le mercenaire est très entouré. Beaucoup de réfugiés viennent voir cet étranger venu d'aussi loin pour se battre pour eux et qui maintenant gît là, parmi les leurs, comme les leurs. Le fait qu'il ait reçu une balle en pleine tête et qu'il survive leur paraît presque miraculeux. Ferber pense la même chose.

Les infirmières se succèdent près de son lit, essuient son visage en sueur, arrangent le pagne qui le recouvre, vérifient sa perfusion.

Un des réfugiés, un vieil homme, affirme que Jean-Pierre survivra, il est un peu sorcier et il a égorgé un poulet dont les entrailles lui ont apporté cette certitude. Ferber, lui aussi, est optimiste.

Jean-Pierre reprend peu à peu conscience. Il a ouvert

les yeux deux ou trois fois, et à chaque fois un murmure de satisfaction et d'encouragement a parcouru la petite foule qui l'entoure. « Il sort du coma, il a une bonne chance de s'en tirer », a déclaré Ferber que les infirmières ont prévenu.

Par la fenêtre des groupes de réfugiés se rassemblent. Ils ont quitté la longue queue qui s'était formée devant l'endroit où l'on distribue à chacun une louche de riz. Ils attendent un peu, puis retournent à la file, mais en laissant l'un des leurs chargé de les avertir du réveil de Jean-Pierre.

Dans cette file qui s'étire tout le long du camp, il n'y a pas de bousculade, les bras ne se tendent pas, tout se passe dans le calme et le silence.

Cette nuit le DC3 a débarqué, avec les munitions et les grenades, une pile de journaux. La presse occidentale s'est mise à parler du Biafra, partout des articles, des reportages. Une photo de Bertrand fait la une d'un grand hebdomadaire, celle de la jeune fille qui est morte à ses pieds. On voit le corps allongé, les mains crispées, la peau couverte de sueur, les yeux ouverts...

« Elsa », crie Bertrand.

La rue mal pavée se termine en impasse, des immeubles aux façades décrépies s'élèvent de chaque côté, certaines fenêtres sont fermées par des planches clouées. Un réverbère diffuse une lumière crue. Dans l'embrasure d'une porte trois Noirs se tiennent immobiles, les mains enfoncées dans les poches de leur blouson. Un peu plus loin se trouve un bistro arabe à la vitre dépolie d'où parvient un air de raï. Cela sent l'urine, les ordures, le froid.

« Elsa », Bertrand appelle à nouveau au pied d'un immeuble un peu moins délabré que les autres et dont les fenêtres sont allumées. Au troisième étage les volets sont fermés.

« Elsa », insiste Bertrand, il sait qu'il faut crier fort et parfois longtemps. Elsa n'a pas le téléphone, la ligne a été coupée. Il n'y a plus de gaz dans le studio. Un ami a bricolé une prise sur le palier qui permet à Elsa d'avoir de la lumière et de brancher un radiateur électrique.

« Elsa ! »

Au cinquième appel une fenêtre s'entrouvre, un bras apparaît, fait un geste puis la fenêtre se referme.

Cinq longues minutes plus tard, Elsa se montre sur le pas de sa porte. Elle est vêtue d'un jean de velours noir sur lequel elle a enfilé un peignoir de bain constellé de trous de cigarette.

Elsa est belle, elle était même très belle encore l'an dernier. Elle a été danseuse au Crazy Horse Saloon, puis meneuse de revue dans un grand music-hall. Sa silhouette est élancée, son cou mince, ses traits parfaits, elle a d'immenses yeux verts qui pour l'instant sont embrumés par le sommeil, ses cheveux courts emmêlés lui donnent l'aspect d'un petit bélier.

« Quelle heure est-il ? demande-t-elle.

– Six heures.

– Merde, je vais le louper. » Elle tend la main, Bertrand y dépose un billet de 500 francs plié en quatre. Elsa sort de l'impasse qui donne sur une rue commerçante animée et éclairée où s'alignent magasins, restaurants, cafés. Les passants sont nombreux.

Elle court sur le trottoir, une voiture de police passe parmi les motos et les autres véhicules.

Elle pénètre dans un bar, Bertrand, qui l'a suivie, la voit poser des questions au serveur qui fait des gestes d'ignorance. Elsa court à un autre bar et avec un mouvement de satisfaction se dirige vers un consommateur. Sans prononcer un mot elle lui tend ouvertement le billet, l'homme plonge la main dans la poche de sa veste et montre à Elsa un petit paquet de papier grand comme une boîte d'allumettes. Elsa le prend et rejoint Bertrand.

« J'ai eu une de ces chances... il allait partir, viens... » Bertrand la suit jusqu'à la ruelle, monte les marches irrégulières de l'escalier. Elsa pousse une porte qu'elle n'a pas fermée en partant. Deux pièces, des matelas à même le sol, des posters aux murs, des vêtements épars, deux chats qui miaulent.

Le studio est délabré, il n'y a pas de meubles à part un fauteuil et une table basse. L'odeur est forte. Odeur de chats, de corps nus, de transpiration, de sexe.

Sur les matelas dorment trois hommes, deux Noirs et un Européen. On distingue à peine leurs visages. Ils ne bougent pas, plongés dans le même sommeil lourd. Elsa a refermé la porte et se dirige vers un cagibi qui lui sert de cuisine. Elle fouille dans l'évier, en retire une cuillère puis elle prend sur une étagère une boîte métallique qui contient un briquet, un élastique et une seringue.

« Tu ne te sers pas de seringue neuve ? » demande Bertrand.

Elsa hausse les épaules : « Je m'en fous. » Elle montre les dormeurs : « De toute façon, avec ceux-là ou les autres... Je ne leur demande pas de me montrer un certificat médical. »

Bertrand n'a jamais vu les mêmes têtes sur les matelas, il en vient de nouveaux chaque jour, ils se piquent, dorment, repartent. Elsa passe la nuit avec l'un d'entre eux, au hasard, il suffit qu'il lui apporte de quoi s'acheter un peu d'héroïne.

Elle ouvre le paquet qu'on lui a vendu dans le bar, en sépare le contenu en deux parties égales, fait glisser la première sur la couverture d'un magazine qu'elle tend à

Bertrand puis elle prépare son injection. Elle fait dissoudre la poudre dans la cuillère avec un peu d'eau qu'elle chauffe à l'aide d'un briquet, aspire le liquide dans la seringue, elle noue l'élastique autour de son avant-bras pour en faire un garrot, se pique, au creux du coude.

Bertrand est figé, l'héroïne lui brûle les narines, il regarde autour de lui, il regarde Elsa. « C'est sordide. » Elsa hausse les épaules : « Je ne peux même plus prendre de douche depuis que le gaz est coupé. » Elle s'assied dans le fauteuil, renverse la tête en arrière, ferme les yeux.

Bertrand s'assied lui aussi, il a envie de partir, de quitter cette pièce malodorante mais il reste les yeux fixés sur Elsa.

« J'ai arrêté l'héro pendant six mois, il y a deux ans aux Bahamas, prononce-t-elle les yeux toujours fermés, j'étais partie avec un groupe de musiciens, c'était super.

– Et maintenant ? demande Bertrand comme s'il se posait la question à lui-même.

– Je suis foutue », répond Elsa d'une voix indifférente, « camée, fauchée, trop vieille pour faire de la scène, seule... » Elle rit doucement. Bertrand se lève et sort de l'immeuble, il marche vite, par moments ses yeux se ferment à demi, la drogue lui fait quand même encore un peu d'effet. Elle n'arrête pas seulement les douleurs du manque, elle l'aide à ne pas voir, à ne pas penser, à ne pas réfléchir. Il tâte sa poche à la recherche d'un billet, il ne lui reste qu'un peu de monnaie, il rentrera en métro.

Le bureau du Dr Platz est une petite pièce aux murs gris. L'ameublement est réduit au strict minimum, une table métallique, deux fauteuils, un classeur.

Le Dr Platz est grand, corpulent, vêtu d'un costume gris informe, il porte une petite moustache et des lunettes penchées sur le bout du nez. Bertrand s'est toujours demandé pourquoi certains hommes se laissaient pousser la moustache. Besoin de se singulariser, d'affirmer sa virilité ? Sur la table repose le dossier de Bertrand, un dossier épais, une dizaine de centimètres, les dossiers des autres patients paraissent minces, quelques feuillets, quelques rapports, des résultats d'analyses. Je n'imaginais pas, pense Bertrand avec amusement, que j'étais un cas aussi complexe.

Il y a longtemps qu'il est là, il y a eu tant d'entretiens, tant d'examens. Tout a été enregistré, commenté, tout s'est accumulé, on l'a questionné sur tout et parfois, plusieurs fois, des stagiaires se sont succédé, d'autres médecins sont venus le voir, on a tenté des traitements différents, tâtonné dans les doses, il est sorti, a rechuté de nombreuses fois. Il doit poser un problème.

« Parlons un peu de vos projets », prononce le Dr Platz.

Bertrand pense à la permission qu'il a demandée, à la demande d'autorisation de sortir seul dans le parc. Il écarquille les yeux. « Je veux dire, précise le Dr Platz, qu'allez-vous faire en sortant d'ici, lorsque cela sera possible ?

– Mais je trouverai un appartement, je recommencerai à travailler, je contacterai des amis... » Bertrand s'interrompt. Le Dr Platz soupire. « Croyez-vous que cela soit possible ?

– Je me sens très bien, je suis sevré, cela ne dépend plus que de moi, de ma volonté...

– L'expérience nous a enseigné que les cas de votre genre restent fragiles... vous avez rechuté à de nombreuses reprises.

– Je sais, répond Bertrand sans y croire, que j'ai encore besoin d'un soutien médical. » Il s'interrompt à nouveau.

« Ne croyez-vous pas que vous devriez rencontrer notre assistante sociale ?

– Pour quoi faire ? »

Platz change de sujet. « Vous êtes hospitalisé depuis près d'un an, et, auparavant, vous avez connu des années difficiles. Avez-vous gardé des contacts dans votre milieu professionnel ? »

Bertrand cite deux noms, le nom de gens qui occupent des postes importants à la télévision et dans l'édition.

Platz ne répond rien.

Bertrand insiste : « J'ai des années d'expérience... »

Après un silence, Platz reprend : « J'ai peur que cela ne soit pas aussi simple. » Il hésite... « Depuis combien de temps n'avez-vous pas travaillé ? »

Bertrand fait un geste d'ignorance. « Longtemps en tout cas.

– J'ai peur que vous ne soyez, comment dire, un peu "grillé". Vos problèmes ont dû se savoir... Je crains que l'on ne vous fasse plus confiance comme par le passé et puis les choses ont changé, des équipes nouvelles se sont constituées... Vous n'êtes plus tout jeune... Etes-vous encore capable... » Il ne termine pas sa phrase.

Bertrand aperçoit à nouveau sa silhouette dans la vitre, il se sent vieux, en effet, désespéré, seul. Il pense aux couloirs de l'hôpital, aux malades chroniques qui vivent là depuis des années, quémandant une cigarette aux infirmières, passant des heures à feuilleter des magazines vieux de trois ou quatre ans, tournant mécaniquement les pages, lisant des choses qui n'ont plus aucune signification pour eux, des événements qui ne les concernent pas, des publicités pour des objets qu'ils n'achèteront jamais, qui comptent dans le creux de leurs mains quelques pièces de monnaie pour voir s'ils ont de quoi aller boire un café à la cafétéria, ces hommes et ces femmes qui n'existent plus.

A la demande du Dr Platz, le frère de Bertrand est passé. Il est médecin lui aussi et c'est lui qui a signé la demande d'internement.

Il s'est enfermé avec le Dr Platz et leur conversation a duré près d'une heure.

« Je ne peux plus rester ici », a simplement déclaré Bertrand avant qu'ils ne le laissent dans le couloir.

Le frère de Bertrand est sûr de lui, compétent, admiré par ses collaborateurs. Il est vêtu d'un complet gris et porte des lunettes qui soulignent son aspect sérieux, ses chaussures luisent... Bertrand, qui est de peu son aîné, a l'air d'avoir dix ans de plus. Les cheveux de son frère grisonnent à peine, les siens sont presque blancs, mais surtout son visage est marqué, ses yeux entourés de cernes profonds.

Lorsqu'il est sorti, ils se sont assis côte à côte dans le couloir, Bertrand en pyjama bleu, son frère en vêtements confortables et bien coupés.

« Il faut penser à ton avenir, commence le frère de Bertrand.

– Je veux sortir d'ici, répond Bertrand.

– Bien sûr, mais pas tout de suite, d'ailleurs ce n'est pas une question de temps. Il faut que tu sois capable de te réinstaller, de vivre normalement, d'avoir des ressources... » Il se tait un moment. « ... peut-être le R.M.I. ou même une pension pour adulte handicapé... et dans quelque temps un foyer d'accueil... »

Bertrand ne répond rien.

« Tes dettes sont réglées, tu n'as pas de souci à te faire pour tes filles... Elles vont très bien.

– J'ai des projets, finit par articuler Bertrand.

– Lesquels ?

– Ecrire un livre.

– Bien sûr, bien sûr, répond le frère d'un air peu convaincu.

– Et puis, je peux contacter des amis. » Il cite à nouveau le nom de deux personnalités qu'il a bien connues des années auparavant.

Le frère hoche la tête d'un air dubitatif. « L'essentiel est que tu ailles mieux, je pense avant tout à ta santé.

– Je vais très bien mais je ne peux plus supporter cet endroit.

– Je crains que, sans ton traitement, tu ne tiennes pas le coup très longtemps et que tu rechutes ; de plus, si tu restes à Paris, tu sera tenté de revoir... », il hésite, bute sur le mot, « tes anciennes fréquentations... »

On ne parle pas de drogue, on ne prononce pas le mot dans la famille, on ne parle pas d'argent non plus, on ne parle de rien en fin de compte.

Le frère reprend : « Peut-être qu'un séjour de trois ou quatre mois dans une maison de repos, en province, loin de toute tentation... »

Bertrand se lève nerveusement et allume une cigarette.

« Assieds-toi, dit son frère, ne t'agite pas... En fin de compte, tu n'es pas mal installé ici, tu es bien soigné... »

Bertrand regarde au fond du couloir les patients qui errent, Nathalie effondrée dans un fauteuil. « Le traitement que l'on me donne m'assomme complètement et puis je n'en peux plus... »

Le frère hoche la tête : « Je comprends, mais tu n'es pas encore très solide... » Il parle comme s'il s'adressait à un enfant.

Bertrand a soudain l'impression d'être arrivé au terme

d'un très long voyage, il pense à ses filles, à la mort de sa femme, aux émotions qu'il éprouvait. Ses mains tremblent un peu.

« Bon ! dit le frère en se levant, il faut que je parte, je dois opérer dans une heure, tu n'as besoin de rien ? Livres, journaux, linge ? »

Bertrand secoue la tête, accablé, il sent que son frère le considère comme un malade gravement atteint, intellectuellement diminué, incapable de mener à nouveau une vie normale.

Une vie normale ! Bertrand n'a jamais mené une vie normale.

« Téléphone-moi quand tu veux, si tu as besoin de la moindre chose, je la ferai déposer... N'hésite pas... »

Il s'éloigne, se dirige vers l'ascenseur. « Dis-toi bien que tu peux compter sur nous tous... on ne te laissera pas tomber. »

Lorsqu'il est rentré du Biafra, Bertrand a téléphoné à la rédaction du *Monde*. Il y avait fait un stage quelque temps auparavant. A sa grande surprise, son article fut accepté et le lendemain il s'étalait en première page du quotidien. Sa signature figurait au bas de l'article. Il débutait dans le journalisme, il avait emprunté un peu d'argent et il était parti pour l'Afrique sans aucune assurance. Cet article le fit connaître... la première page du *Monde* ; il avait vingt-cinq ans.

Pendant les deux années suivantes, il effectua de nouveaux reportages, toujours en Afrique, il revint au Biafra en 1970 assister à l'effondrement du pays et à la victoire des Nigérians qui avaient mené une guerre longue et sanglante, soutenus par les grandes puissances, mais surtout par les compagnies pétrolières. Il y avait eu des centaines de milliers de morts, moins dans les combats que causés par la famine et les épidémies. Ferber était parti l'un des derniers, abandonnant ses malades et ses blessés, les yeux secs, la rage au ventre. Le mot génocide avait été employé.

Cette même année Bertrand parvint, accompagné d'un cameraman, à aller en Chine. C'était la première fois depuis le début de la Révolution culturelle que des journalistes occidentaux étaient autorisés à s'y rendre.

Il put rencontrer le président Mao, interviewer le premier ministre Chou En-lai, visiter des usines et des communes populaires, parcourir le pays de Shanghai à Canton, de Pékin à Nankin encadré par un interprète et un commissaire politique chargés de lui montrer la Chine sous son aspect le plus positif, cachant la misère et soulignant les réussites. Il filma les gardes rouges, des meetings organisés où des dizaines de milliers de Chinois brandissaient le petit livre rouge en scandant « longue vie au président Mao ».

Un jour dans la ville de Xian, ancienne capitale impériale dont les palais avaient été, en partie, épargnés de la fureur des gardes rouges qui voulaient, selon les directives de Mao, « faire table rase du passé », il fut conduit dans le parc, immense, d'une ancienne résidence de l'empereur. Le spectacle était d'une grande beauté. Le parc s'étendait sur plusieurs hectares, des fleurs, des bosquets, des fontaines, de petits lacs artificiels surmontés de ponts en marbre blanc, des plantes rares, des pagodes... disséminés dans ce paysage de rêve, des écoliers et des écolières, par groupes, étudiaient le petit livre rouge. Bertrand et ses accompagnateurs n'avaient pas fait cent mètres qu'une voix d'une pureté parfaite s'éleva de l'un de ces groupes entonnant un hymne à la gloire du Grand Timonier. Au loin, une autre voix lui répondit, puis de groupe en groupe le chant se généralisa... Le panorama, les écoliers en chemises blanches, les écolières, cheveux nattés attachés par un ruban rouge, disposées, ici et là, comme par un metteur en scène, la beauté de leur chant qui s'élevait à une extrémité du parc, repris par un autre groupe plus rapproché avant de s'éteindre pour un solo cristallin... C'était un spectacle admirable montrant une jeunesse heureuse, belle, studieuse, tout entière attachée à la glorification du président Mao... Sur la route du retour, le cameraman s'aperçut qu'il avait oublié un sac contenant des films qu'il avait tournés, il fallait faire demi-tour d'urgence, l'accompagnateur et l'interprète hésitèrent, discutèrent mais finalement acceptèrent de retourner au parc. On retrouva le sac, mais on vit les écoliers et les écolières qui avaient rendu les vêtements neufs dont on les avait revêtus, alignés en rang, s'entasser dans les bennes de camions poussiéreux pour rejoindre leurs camps de pionniers dont l'atmosphère devait être beaucoup moins idyllique.

Bertrand réalisa un long métrage qui fut diffusé dans le monde entier. C'était un « scoop ».

Par la suite, Bertrand commença à « couvrir » la guerre du Vietnam et celle du Cambodge pour différents journaux ou chaînes de télévision.

Plus tard il publia un livre sur la révolution des Khmers rouges, dont à l'époque on ignorait tout, même le nom de leurs dirigeants, mais dont on apprenait qu'après leur victoire et la chute de Phnom Penh ils se livraient à un véritable génocide sur leur propre peuple, vidant les villes, tuant tous les intellectuels, et même les bonzes, installant un régime coupé du monde, rejetant tout ce qui n'était pas purement khmer, encadrant la population, supprimant le commerce et la propriété, instaurant dans le sang un communisme total, sans pitié et sans concession, animé par un petit groupe d'intellectuels se cachant sous l'appellation d'Angkar, et servi par une armée d'adolescents vêtus de noir, illettrés, qui n'avaient connu que la guerre.

Bertrand obtint le prix Albert-Londres qui est un peu le Goncourt des journalistes.

Lorsqu'une situation était tendue, lorsqu'une crise éclatait, on demandait à Bertrand de couvrir les événements. Il acceptait toujours, éprouvait toujours la même sensation d'angoisse et de peur qui disparaissait lorsqu'il posait le pied sur le terrain, mais il ne pouvait se défaire de ce sentiment étrange de vivre dans un monde irréel dans lequel il faisait des incursions, protégé par son passeport et son billet de retour. Il se sentait perpétuellement voyeur et non pas acteur même s'il savait que ses reportages comme ceux des autres journalistes informaient le monde et pouvaient avoir une certaine utilité. L'équipe qui l'accompagnait, les journalistes qu'il rencontrait, faisaient mine d'être blasés devant les drames, les morts, les réfugiés, les massacres, les famines, les enfants squelettiques, les populations déplacées et abandonnées. Bertrand aussi, mais ses reportages lui laissaient toujours un goût amer, une impression d'inachevé. Il vit des hommes se faire tuer, d'autres mourir de faim, d'autres errer sur les routes portant dans un balluchon de toile tout ce qui leur restait... Des hommes qui le regardaient avec des yeux où il lui semblait lire l'étonnement, l'incompréhension, plus que la souffrance.

Bertrand n'avait jamais l'impression de risquer sa vie mais toujours il ressentait ce vague sentiment de culpabilité d'assister à des drames comme on va au spectacle.

Dans un hôpital tchadien où gisaient des blessés, par dizaines, muets, sanglants, apparemment insensibles à la douleur, il entrevit Ferber qui, avec un chirurgien, s'affairait avec détermination et désespoir. Ils étaient débordés par l'ampleur de leur tâche, manquant de médicaments, d'instruments et de pansements.

A cette époque Bertrand entreprit d'établir une étrange comptabilité, une liste hiérarchique de ses émotions les plus intenses pendant lesquelles paradoxalement la peur faisait disparaître l'angoisse.

Sa première grande frayeur il l'avait éprouvée au Biafra, c'était son baptême du feu, et depuis il ne s'était toujours pas complètement habitué.

Lors de la chute du dictateur ougandais Idi Amin Dada renversé par l'armée d'un pays voisin et chassé de Kampala malgré la protection de ses propres troupes secondées par une milice palestinienne, la capitale de l'Ouganda fut pendant quelques jours totalement coupée du reste du monde, le téléphone ne fonctionnant pas, les liaisons aériennes étant interrompues, on ignorait ce qui s'y passait. On savait seulement que des soldats débandés faisaient régner la terreur, des combats sporadiques éclataient ici ou là, on parlait d'exécutions sommaires, de règlements de comptes... Deux journalistes britanniques qui avaient essayé de se rendre en Ouganda avaient été tués, probablement par des pillards qui en voulaient à leurs dollars.

Bertrand réussit à convaincre le pilote d'un petit avion destiné aux safaris photo, basé au Kenya, voisin de l'Ouganda. Le pilote accepta la somme que lui proposait Bertrand mais lui dit : « Je vous transporte jusqu'à l'aéroport, si je vois que la piste est utilisable, je me pose, vous descendez, je redécolle aussitôt et je viens vous rechercher trois jours plus tard, même heure, même endroit. Tâchez d'y être car je n'attendrai pas. »

Bertrand accepta et le petit avion, après avoir survolé la forêt pendant deux heures, plongea vers la piste de l'aéroport international. On voyait des silhouettes aller et venir, un bâtiment incendié fumait encore mais la piste était dégagée. L'avion se posa loin des bâtiments, fit demi-tour et redécolla. Bertrand resta là avec son sac et ses appareils photo. Il marcha jusqu'à l'aérogare où erraient des soldats aux uniformes déchirés, certains dormaient dans un coin, d'autres buvaient de la bière, des armes étaient posées un peu partout. Bertrand s'avança, personne ne semblait s'intéresser à sa présence. Les soldats ne parlaient pas l'anglais, ils ne manifestaient pas d'agressivité, une simple indifférence, mais ils buvaient beaucoup.

Après un long moment arriva une voiture civile, volée de toute évidence, conduite par un officier. Bertrand se présenta, lui demanda s'il pouvait le conduire en ville à une dizaine de kilomètres de là.

Bertrand ignorait à quel camp appartenait cet officier, à celui du dictateur qui, peut-être, résistait encore, à l'armée qui était sur le point de le renverser. Il monta à côté de l'officier et la voiture prit la route de Kampala. Sur le siège arrière étaient posés un fusil mitrailleur et des chargeurs de munitions. Ils roulèrent une vingtaine de minutes puis tout à coup la voiture bifurqua, emprunta un vague chemin de terre qui s'enfonçait entre les arbres et s'arrêta devant le portail d'une caserne. Deux soldats, le doigt sur la détente, ouvrirent les grilles et la voiture s'immobilisa devant un bâtiment gris. L'officier, sans un mot, sortit, laissant Bertrand sous la garde de deux autres soldats qui s'installèrent de part et d'autre de la voiture. Par la vitre ouverte, Bertrand apercevait la pièce où l'officier avait rejoint deux hommes en civil avec lesquels il entama une longue discussion, faisant parfois en direction du journaliste des gestes menaçants. Les civils regardaient Bertrand avec curiosité et méfiance. L'un d'entre eux vint prendre le passeport du journaliste et la conversation reprit sur un ton parfois violent. Bertrand attendait... Cela dura à peu près une heure puis l'officier revint, rendit son passeport à Bertrand, et la voiture sortit de la caserne pour reprendre la route de Kampala.

En route, il expliqua avec fierté qu'ils venaient de remporter la victoire, le dictateur était en fuite mais la situation était encore troublée et on se méfiait des étrangers. Il ne s'était rien passé d'extraordinaire mais cet incident prit place sur la liste des émotions de Bertrand.

Arrivé en ville, Bertrand remercia le conducteur, se dirigea vers un hôtel ; des soldats gardaient chaque carrefour et des automitrailleuses stationnaient sur une place. Bertrand entra, demanda une chambre. On lui fit remplir une fiche, on lui tendit une clef comme si cela se passait dans n'importe quel hôtel, ailleurs dans le monde, dans un autre contexte, dans une autre réalité. Parfois on entendait un coup de feu, une rafale de mitrailleuse.

Dans le hall deux hommes étaient assis les mains liées dans le dos. En apercevant Bertrand les soldats qui les gardaient les firent lever et les emmenèrent hors de l'hôtel. Bertrand les frôla lorsque, accompagné d'un garçon d'étage, il se dirigeait vers sa chambre. Les deux hommes le regardèrent passer. Bertrand croisa leurs yeux où il discerna de la peur, une peur totale.

Le Dr Platz est resté un moment silencieux. « Il faut songer à l'avenir », dit-il. Bertrand sourit malgré lui. Les mots lui paraissent vides de sens. « J'ai longuement parlé à votre frère, rien ne nous presse, continue le médecin, ne vous inquiétez pas mais votre situation ne peut quand même pas s'éterniser, vous êtes ici depuis longtemps et cet endroit n'est pas un "lieu de vie". » L'expression surprend Bertrand et lui semble encore plus irréelle.

Dans le couloir on entend soudain des cris, une bousculade. Un patient, un homme d'une trentaine d'années, a saisi un grand portemanteau de bois et en menace les infirmiers. Il répète ce que Bertrand l'a entendu dire depuis deux jours à chaque infirmier, même aux aides-soignants, même aux électriciens venus changer une ampoule.

« Je ne suis pas fou, je refuse de prendre vos médicaments, je veux porter plainte pour séquestration arbitraire, j'ai été hospitalisé de force, la police m'a amené ici parce que je m'étais fait agresser dans la rue et que je me défendais, c'est moi la victime, j'exige de voir le directeur de cet établissement, je veux écrire au préfet de police... » Amené un soir par deux solides infirmiers, l'homme manifeste une grande fébrilité, il ne tient pas en place, va et vient sans arrêt, parle ou chante en permanence. Il porte barbe et cheveux longs ramenés en chignon sur le haut de son crâne, une épingle de nourrice accrochée à son oreille, il refuse son traitement : « Je ne suis pas fou, je ne veux pas qu'on me drogue, je suis assez grand pour savoir si je dois être soigné ou non. »

Cette fois il est devenu menaçant, il a bousculé une infirmière qui lui tendait un comprimé. Une heure plus tard il a forcé la porte du chef de service, exigeant d'être libéré, expliquant qu'il était victime d'une machination et, comme le médecin lui répondait qu'il le trouvait encore un peu trop agité pour le laisser sortir, il s'est redressé et d'un ton dramatique il a prononcé cette phrase définitive : « Docteur, vous puez de l'âme ! »

L'équipe soignante se regroupe, le Dr Platz dit à Bertrand : « Nous continuerons cette conversation plus tard », les infirmiers du service voisin viennent prêter main forte ; bousculade, coups, l'homme est enfin maîtrisé, porté dans sa chambre, attaché sur son lit. On lui fait une piqûre de Tranxène et tout rentre dans l'ordre.

Bertrand croise Nathalie dans le couloir, elle est affalée sur une chaise, la tête pendante, un filet de salive coulant de ses lèvres, elle tend une main hésitante vers Bertrand, lui effleure le bras et murmure deux mots que Bertrand ne comprend pas. Il se penche, elle répète un peu plus fort mais c'est toujours inaudible, alors elle a un geste vers le téléphone mural et prononce : « Fais-le, téléphone à mon père. » Bertrand soupire, il repousse le bras de Nathalie avec une sorte d'exaspération.

Il est six heures du soir, Bertrand descend dans le hall ; le matin même il a demandé à un ami de venir le voir mais il sait que les visites lui sont interdites sans autorisation préalable, alors il guette l'arrivée de son ami auquel il a demandé d'être ponctuel. Lorsqu'il le voit, il s'avance, ouvre la porte vitrée : « C'est pour moi », dit-il au surveillant. Mais le surveillant se lève : « Je n'ai pas été prévenu, il faut que je téléphone à votre service ; en attendant, refermez cette porte. » Bertrand hausse les épaules mais avant de s'éloigner il demande à son ami : « Tu n'as pas une cigarette ? » L'ami lui tend un paquet : « Garde-le, j'en ai d'autres. »

« Rentrez », insiste le surveillant qui a décroché le combiné, il parle au téléphone puis : « Je regrette mais les visites sont interdites. – Tant pis », dit Bertrand en serrant dans sa poche le paquet de cigarettes et, à travers la porte vitrée, il fait un signe d'adieu à l'ami qui s'éloigne.

Il gravit les deux étages qui mènent à son service, s'enferme dans les toilettes, ouvre le paquet de cigarettes où il trouve un minuscule morceau de papier plié en quatre contenant une pincée de poudre blanche.

Dans le couloir il croise le Dr Platz : « Il est tard, nous nous reverrons demain, mais réfléchissez à notre conversation. » Bertrand prend un air interrogatif : « Votre avenir, vos projets », précise Platz. Bertrand acquiesce. « Je

vous trouve meilleure mine », continue Platz d'un ton encourageant, « vous supportez bien votre traitement ?
– De mieux en mieux », répond Bertrand en s'essuyant le nez.

Une patiente, Helga, les rejoint. Elle a soixante-dix ans et vit dans une maison de retraite mais chaque semaine elle revient à l'hôpital pour des électrochocs. Il y a quelques mois, elle criait sans arrêt, insultant les infirmiers, prononçant à forte voix des imprécations délirantes : « Moi, docteur Schweitzer, je sortirai de ma tombe à minuit et ferai trembler le monde... » ou bien « Elizabeth d'Angleterre va répudier le prince d'Edimbourg et épouser Helmut Kohl avant de se convertir à la religion juive ! »

Depuis ses électrochocs, elle est calme, résignée, triste.

« Qu'est-ce que vous faites depuis si longtemps dans cet asile de fous, demande-t-elle à Bertrand, vous ne débloquez pas comme moi, qu'est-ce que vous attendez pour ficher le camp d'ici ?

– Ce n'est pas aussi simple, dit Platz.

– Moi, répond Bertrand, je n'attends que cela. »

Il s'éloigne, il ne pense plus à rien, ni à l'agité attaché sur son lit, ni à Nathalie qui essuie machinalement le filet de salive qui coule sur son menton, ni, surtout, à sa conversation avec le Dr Platz. Il va passer la soirée devant la télévision. Dès huit heures, les patients vont se coucher les uns après les autres, il aura la pièce pour lui tout seul. Les veilleurs de nuit arrivent vers neuf heures.

Il faudra qu'il fasse attention à ne pas s'endormir dans son fauteuil en laissant tomber une cigarette allumée sur son pyjama. Il ne faut pas non plus qu'il paraisse trop gai et trop loquace car on remarquerait son changement de comportement et cela serait consigné dans le rapport.

Il se regarde une dernière fois dans la glace, c'est vrai, il a meilleure mine, mais ses cernes se sont accentués.

Le Dr Reyer est revenue, H.D.T. à son tour. Son mari l'a fait hospitaliser après une nouvelle tentative de suicide, aux barbituriques cette fois, alors qu'il y a six mois elle avait tenté de s'ouvrir les veines. Elle est assise, là, en pyjama d'hôpital, « en tenue de bagnard », plaisante-t-elle, le regard fixe. Elle a manifesté du plaisir et un peu de surprise en voyant Bertrand : « Toujours là ? »

Ils ont eu une intéressante conversation, une discussion sur la durée des rêves. Brigitte Reyer prétendait qu'il était scientifiquement prouvé que les rêves étaient le résultat d'une activité psychique très brève, quelques secondes au maximum même si le sujet avait l'impression d'avoir rêvé très longtemps, que ces secondes déclenchaient une vague d'images ou d'émotions dont la sensation était sans commune mesure avec la véritable durée.

Bertrand protestait : « J'ai rêvé cette nuit d'une chose si complexe, si cohérente qu'il a nécessairement fallu que cela durât longtemps. Plusieurs minutes certainement.

C'était au cours d'un dîner mondain auquel assistaient une douzaine de personnes, avec bougies, cristaux, tenues de soirée, plats d'argent et parfums...

« La discussion portait sur les hain-teny, cette forme de poésie traditionnelle malgache qui peut être composée de poèmes de plusieurs couplets ou au contraire d'une simple phrase, d'un dicton ou d'un proverbe. Cet art oratoire très particulier avait été oublié et méprisé pendant toute la période coloniale mais avait été redécouvert et apprécié de nouveau dans les années 30.

« Certains prétendaient que la renaissance des hain-teny était due à un livre de Jean Paulhan, *Traduit de la nuit*, publié chez Gallimard, composé de la traduction de hain-teny anciens, augmentés de plusieurs compositions originales de l'auteur. D'autres affirmaient qu'il fallait attendre une œuvre du poète malgache Jean-Joseph Rabearivelo faite, elle, de hain-teny modernes écrits en français mais respectant la forme traditionnelle.

« Les partisans de Paulhan prétendaient qu'il avait mieux représenté les nuances de cette belle, douce et triste poésie malgache puisqu'il avait traduit des hain-teny anciens et que Rabearivelo, même s'il était lui-même malgache, avait été influencé par la littérature française dont il s'était nourri et en particulier par la poésie parnassienne. La discussion s'était prolongée par l'analyse sémantique d'un hain-teny, dont maintenant j'ai oublié l'auteur mais que je peux vous réciter : "O herbes, ô fougères, la bien-aimée aux yeux de jais qui baigna son ombre dans l'étang aux libellules est-elle passée par ici ?" Comment voulez-vous que tout cela, et je vous l'ai résumé, ait tenu tout entier dans le bref frémissement d'un neurone ? »

Un soir, en rentrant chez lui, revenant sans doute d'un rendez-vous avec un dealer d'héroïne, Bertrand attendait sur le trottoir d'une des avenues qui entourent l'Etoile que le feu passe au rouge. Un homme se tenait près de lui. Machinalement Bertrand lui jeta un coup d'œil. L'homme le regardait également. La première chose que Bertrand remarqua fut une minuscule cicatrice blanche dans son visage bronzé, une cicatrice entre les deux yeux. C'était Jean-Pierre, vêtu d'un luxueux manteau poil de chameau, le cou entouré d'une écharpe blanche. L'ancien mercenaire du Biafra mit un peu plus de temps à reconnaître Bertrand. Puis ils se serrèrent la main. Jean-Pierre avait l'air ravi de retrouver Bertrand. Bertrand, lui, était un peu gêné. Il éprouvait du plaisir à revoir celui avec qui il avait vécu des jours qu'il n'avait jamais oubliés, dix ou quinze ans plus tôt, mais il était mal à l'aise. Son aspect était négligé, il portait une barbe de deux jours...

« Tu n'as pas bonne mine », fut d'ailleurs la réflexion de Jean-Pierre. « J'ai vu certains de tes reportages, chapeau, alors tu continues à te balader dans les coins où il se passe quelque chose d'intéressant ?

– Et toi ? répondit Bertrand.

– Toujours pareil. » Jean-Pierre fit un geste évasif : « Ici ou là...

– Les affaires marchent bien ?

– Il y a des périodes creuses mais quand on est dans le circuit, on trouve toujours des gens qui ont besoin de nous, justement j'ai rendez-vous dans un quart d'heure pas loin d'ici. »

Il expliqua que dans un petit bistro proche de l'Etoile, s'était ouverte une véritable agence de recrutement de mercenaires. On y rencontrait des Belges, des Irlandais, des Portugais, même des Australiens. Un ancien officier de l'armée française préparait un coup d'Etat, pour le compte de politiciens et d'hommes d'affaires, en Afrique. « C'est bien payé ? demanda Bertrand.

– Deux bâtons par mois, six mois d'avance, cash.

– Ça vaut le coup ?

– Je n'ai jamais fait ça uniquement pour l'argent.

– Pourquoi alors ? »

Jean-Pierre écarta les bras d'un geste d'ignorance ou d'évidence. « Je ne sais rien faire d'autre... et puis peut-être que j'aime l'ambiance.

– Tu risques ta peau.

– Moins qu'il n'y paraît... mais tu peux parler, qu'est-ce que tu fais d'autre avec tes appareils photo ou tes caméras ? »

Bertrand revit dans sa mémoire l'homme étendu sur un lit d'hôpital, une perfusion dans le bras, un pansement autour de la tête, entouré de réfugiés et d'infirmières, et il se sentit soudain très proche de lui et en même temps à des années-lumière, dans une autre réalité...

« Il faut que je file, je suis en retard. » Jean-Pierre fit un geste navré mais n'insista pas, il regardait les chaussures sales, le jean informe et le blouson défraîchi de Bertrand.

Ils échangèrent des numéros de téléphone. Bertrand mit le papier dans sa poche en sachant qu'il ne l'utiliserait pas. Il partit très vite et dans une rue voisine rentra dans les toilettes d'un café et absorba d'un coup le reste du paquet d'héroïne qu'il venait d'acheter.

C'était trop, il eut un haut-le-cœur. La petite pièce vacilla autour de lui. Il eut du mal à conserver son équilibre. Lorsqu'il réussit à sortir, sa démarche était hésitante, il tremblait, son malaise s'accentuait, il ne voyait plus distinctement et faillit se faire renverser par une moto. Il dut s'appuyer contre un mur avant de se diriger vers un taxi. Il avait à peine la force de parler, il réussit à articuler son adresse au chauffeur qui le regardait dans le rétroviseur d'un œil préoccupé.

Quelques rues plus loin, il demanda au chauffeur de s'arrêter, ouvrit la portière et vomit dans le caniveau. Le chauffeur était inquiet pour ses sièges. Il le prenait pour un ivrogne. « Vous voulez que je vous conduise à l'hôpital ? »

Bertrand lui assura que tout allait bien. Rentré chez lui, il était seul ce jour-là. Il s'allongea mais ne put dormir. Son cœur battait très fort. Il alluma une cigarette qui lui échappa, brûlant l'oreiller. Plusieurs fois il tendit la main vers le téléphone mais il ne savait qui appeler, il n'avait d'ailleurs pas la force de décrocher le combiné. Une sueur froide lui recouvrait le corps. Il eut l'impression de glisser, de tomber, son esprit était vide, désert... Cela dura jusqu'à l'aube. Au matin, alors que le jour se levait, il était à nouveau parfaitement bien, il se doucha, se rasa, se changea. A onze heures il se rendit chez un de ses amis qui se réveillait à peine. Ils burent une tasse de café puis son ami sortit de sa poche un petit paquet de papier plié, l'ouvrit et à même la table allongea deux lignes d'héroïne en tendant un billet roulé en forme de paille à Bertrand. Bertrand hésita. Il eut la tentation de refuser, mais il savait que dans quelques heures il allait ressentir le malaise du manque. La crise était passée. Il se pencha sur la table et aspira la poudre.

Il se sentait en pleine forme, empli d'énergie et en même temps parfaitement détendu mais son esprit restait vide, il ne voulait pas penser, il ne pouvait pas penser.

Il revit Ferber à Paris au cours d'une signature de livres dans un festival littéraire quelconque. Ferber dédicaçait un ouvrage qu'il avait écrit sur l'aide humanitaire, un violent pamphlet dénonçant les gâchis, les erreurs et surtout les profiteurs de ces millions de dollars récoltés au cours de campagnes médiatiques et dont une part infime parvenait aux gens qu'il fallait aider, il dénonçait les escrocs qui s'enrichissaient, il protestait contre l'indifférence des gouvernements, réclamait le « droit d'ingérence », le droit d'imposer des secours malgré le refus de certaines autorités. Bertrand, lui, venait de publier un roman historique retraçant l'émancipation des juifs de France. Une longue histoire, un long combat depuis le XVIIe siècle où, à Bordeaux, en Avignon, à Paris, mais surtout à Strasbourg et dans toute l'Alsace, vivaient des communautés juives plus ou moins bien tolérées. Ces communautés étaient parfois presque assimilées comme en Gironde, protégées par le pape en Avignon, à peine supportées à Paris et haïes en Alsace où, du fait d'un édit du prince-évêque de Strasbourg, elles n'avaient le droit de ne posséder « ni terre ni pierre » ; en Alsace les juifs étaient donc devenus par la force des choses commerçants, prêteurs et souvent usuriers. Ce n'est qu'après une longue lutte marquée par le rapport d'un jeune curé lorrain, l'abbé Grégoire, l'action de certains philosophes au nom de la tolérance, et les requêtes d'hommes d'affaires juifs, que la France leur octroya le statut de citoyens par un décret de la Convention en 1791.

Bertrand avait travaillé longtemps, passé des après-midi entiers à la Bibliothèque nationale, retrouvé des archives, découvrant un monde oublié. Il s'aperçut également en écrivant ce livre que lui, issu d'une famille qui comptait une longue lignée de rabbins parmi ses ancêtres, dont l'un avait été reçu par le roi Louis XV lors de l'annexion de la Lorraine à la France, lui, d'origine juive lointaine peut-être mais indiscutable, il n'avait jamais entendu prononcer le mot « juif » dans sa famille jusqu'à ce qu'il en parlât lui-même. Comme si ce mot était tabou, comme si, chez lui, on était avant tout et uniquement français et comme si ne l'être pas exclusivement était une faute.

Cette découverte éclairait d'un jour nouveau le comportement social de la famille de Bertrand où les notions de France, de patrie, de République et de gaullisme étaient sublimées. Il était impensable d'en parler en émettant la moindre réserve, la moindre critique, la moindre réticence. Bertrand avait par ce livre brisé une sorte de silence autour de lui mais également en lui-même. Ce n'était pas un retour à ses origines juives, d'autant que sa famille par sa christianisation était considérée dans la communauté juive comme renégate, mais la découverte d'un morceau de vérité dans un monde d'apparence et de faux-semblants qui, de ses reportages à son entourage, travestissait la réalité.

Bertrand et Ferber bavardèrent un moment, ils évoquèrent le Biafra, parlant de Jean-Pierre, mais Bertrand, à nouveau, ne se sentait pas à l'aise, décalé, sur un autre plan.

Il le revit une autre fois à l'aéroport de Téhéran. Ils s'étaient salués de la main. Ferber partait et Bertrand arrivait. C'était peu de temps après la révolution islamique et la prise de pouvoir par l'ayatollah Khomeyni.

Sur la liste des grandes émotions de Bertrand, entre Kampala et le Biafra, se trouvait l'Iran.

Accompagné d'une équipe de télévision et d'un interprète, il s'était rendu au Kurdistan. Les Kurdes s'étaient soulevés contre les mollahs intégristes et Téhéran avait envoyé contre eux non seulement l'armée régulière mais aussi des unités de « pasdarans », des milices islamiques intransigeantes qui massacraient sans pitié tous ceux qui manifestaient la moindre réticence à l'égard du nouveau régime.

Depuis Téhéran, ils avaient rejoint une base militaire iranienne en pleine montagne au centre du Kurdistan ; de là ils prirent un hélicoptère pour se rendre dans la zone des combats. Après une heure de vol sans aucune explication, le pilote posa son appareil sur un éperon rocheux et leur dit de débarquer. Ils s'étonnèrent, s'inquiétèrent. Le pilote leur expliqua brièvement qu'il venait de recevoir par radio l'ordre de se rendre à un autre endroit et que l'hélicoptère avait été réquisitionné pour transporter des blessés. Il redécolla sans leur donner d'autres précisions.

Bertrand, son équipe et l'interprète se retrouvèrent donc en pleine montagne, totalement isolés, ignorant où ils étaient. Un vague chemin menait quelque part, mais où ? Si nous rencontrons des combattants kurdes, ils nous prendront pour des Iraniens ou des espions ; si nous rencontrons des unités iraniennes dans une zone où les étrangers sont interdits, nous risquons d'avoir des problèmes, songea Bertrand. Le mieux est d'attendre qu'on vienne nous rechercher, en espérant que personne ne nous remarque. Les heures passèrent, sous un soleil écrasant.

Ils restèrent là sans bouger, presque sans se parler. L'interprète iranien manifestait la plus grande nervosité. Le soleil baissait sur l'horizon lorsqu'ils entendirent un bruit de moteur, puis l'hélicoptère apparut et se posa près d'eux.

« Montez vite, cria le pilote, la région n'est pas sûre. » Une fois qu'ils eurent repris de l'altitude le pilote leur dit : « Vous avez de la chance, je passais là par hasard pour rentrer à la base, je croyais qu'on était venu vous récupérer depuis longtemps. J'ai aperçu un reflet métallique, les rayons du soleil sur l'une de vos caisses, je suis descendu et je vous ai aperçus... »

Ils rejoignirent la base, immense camp fortifié entouré

de barbelés et de miradors où l'armée iranienne était retranchée. Partout déambulaient des pasdarans armés, barbus et suspicieux qui leur lançaient des regards hostiles. Peu de temps après un autre hélicoptère se posa, un énorme appareil de transport, vrombissant et faisant voler la poussière.

Bertrand s'approcha un peu et assista à une étrange scène. De l'hélicoptère débarquaient tapis et coussins brodés, plateaux de cuivre et théière fumante. En trois minutes, une sorte de tente fut dressée et, au centre, s'installa un homme dont Bertrand avait vu la photo, l'ayatollah Khalkali. Le juge suprême de la révolution, surnommé par les opposants « le Bourreau ». Petit, gros, barbu, revêtu d'une robe brune, il était entouré d'un groupe de mollahs et de pasdarans. On mena devant lui trois hommes, trois Kurdes reconnaissables à leur pantalon noir bouffant, les mains liées dans le dos. Ils prononcèrent quelques phrases, Khalkali fit un signe et ils furent emmenés au bout de la piste par les pasdarans et fusillés sur-le-champ. Bertrand vit les corps s'affaisser lentement tandis que le son lui parvenait avec un léger décalage. Bertrand s'éloigna, fit au cameraman le signe de remballer son matériel et de se faire le plus discret possible. L'interprète était muet de peur.

Ils se trouvaient, journalistes occidentaux, sur une base militaire, ils venaient d'assister et de filmer une scène que les autorités iraniennes cachaient soigneusement à la presse. Une séance du tribunal volant de l'ayatollah Khalkali suivie de l'exécution des condamnés.

« Il faut partir d'ici au plus vite », dit l'interprète. Le

soir tombait et Bertrand trouvait, en effet, que les regards devenaient de plus en plus hostiles. Il s'approcha d'un officier et lui demanda s'il pouvait les conduire hors du camp. L'officier hésita ; il ne tenait pas à parcourir sans escorte militaire les dix kilomètres qui les séparaient de la ville voisine. Finalement il accepta pour une poignée de dollars, et Bertrand, son équipe, l'interprète et leur matériel s'entassèrent dans une Jeep.

Arrivés en ville, ils débarquèrent sur une place animée, des patrouilles de civils armés passaient à chaque instant... Bertrand arrêta deux taxis, deux voitures délabrées, couvertes de poussière et demanda à l'un des chauffeurs s'il pouvait les conduire à Téhéran. Le chauffeur écarquilla les yeux. La capitale était distante d'un peu moins de mille kilomètres... Les deux Iraniens discutèrent entre eux, avancèrent un prix, très élevé, mais Bertrand accepta, et ils prirent la route. Les deux chauffeurs finissaient leur journée et tombaient de fatigue. Les voitures cahotaient sur des suspensions usées et roulaient très vite. Les deux ou trois cents premiers kilomètres de route serpentaient dans la montagne. A droite, la falaise, à gauche des à-pics impressionnants. La voie était parcourue sans arrêt par de gigantesques camions éclairés comme des arbres de Noël qui fonçaient à tombeau ouvert sans dévier de leur trajet, les taxis frôlaient le précipice à chaque instant... Après plusieurs heures de route, la plaine fut atteinte. Il fallait secouer les chauffeurs pour qu'ils ne s'endorment pas, deux fois un pneu éclata, heureusement les taxis ne se renversèrent pas, mais il fallut décharger, démonter, réparer, repartir. Les chauffeurs s'arrêtaient de temps en temps pour vérifier la température de leurs moteurs, tapaient d'un doigt nerveux sur l'indicateur de la jauge à essence en priant Allah de leur permettre d'atteindre un village ou une station-service.

Au matin ils atteignaient Téhéran après quatorze ou quinze heures d'un voyage épuisant et terrifiant. Les chauffeurs engagèrent leurs véhicules dans les encombrements de la capitale, empochèrent leur dû... Bertrand et son équipe entrèrent au Hilton, l'interprète n'avait pas encore retrouvé la parole ; une heure plus tard, ils étaient allongés au bord de la piscine. Bertrand revivait en pensée ces dernières vingt-quatre heures, abandonnés en pleine montagne, récupérés par hasard... Il revoyait cet étrange tribunal, ces tapis déroulés, ces mollahs en robe, ce Coran ouvert, une scène quasi médiévale sous les remous d'un des hélicoptères les plus modernes du monde, cette exécution sommaire. L'équipe sommeillait sous le soleil. Ils n'avaient semblé s'inquiéter à aucun moment, attendant, comme s'ils avaient attendu la sortie d'un ministre sur le perron de l'Elysée...

Bertrand, lui, avait tremblé de frayeur et d'inquiétude sans discontinuer, de frayeur mais pas de cette angoisse qu'il connaissait si bien et qui l'étreignait souvent.

Bertrand tremble de rage, de honte, de colère, de mépris pour lui-même, de désespoir aussi. Il est malade, le manque tord ses entrailles et l'empêche presque de marcher.

L'homme avec qui il avait rendez-vous a ricané et lui a tourné le dos lorsque Bertrand lui a demandé de lui faire crédit. C'est dimanche, Bertrand n'a pas de liquide sur lui ; de toute façon il est presque ruiné. Depuis deux ou trois mois, il voit cet homme tous les jours et lui achète pour cinq cents, quelquefois pour mille francs d'héroïne, mais aujourd'hui il n'a pas un sou. L'homme n'a rien voulu savoir. Il n'a pas écouté les explications, les promesses de Bertrand dont il voyait le manque, dont il connaissait le besoin. Il a eu un regard de jouissance mêlée de mépris pour Bertrand qui insistait, suppliait presque, et il est parti. S'il en avait eu la force, Bertrand l'aurait assommé. Il est rentré à grand-peine, il a bu de l'alcool dans le bistro en bas de chez lui, beaucoup, espérant combler ce manque, calmer ces douleurs. Il n'a fait que se rendre encore plus malade. Chez lui il a avalé des cachets, n'importe quoi, des médicaments contre la toux qui contiennent un peu de codéine, des somnifères, une boîte pleine... Il a fini par sombrer dans une sorte de semi-conscience douloureuse, nauséeuse. A plusieurs reprises, il a décroché son téléphone, appelant des gens qui auraient pu le dépanner. Partout le même refus. Il pouvait à peine parler. Ce n'est que le lendemain qu'il a trouvé un ami qui est venu dès qu'il a pu.

Cinq minutes plus tard, Bertrand se sentait en pleine forme. Il avait tout oublié. Ce qu'il venait de vivre n'était qu'un banal incident, un mauvais souvenir. Tout allait bien à nouveau, il n'en voulait même pas au dealer qui l'avait laissé dans cet état.

Deux jours plus tard, s'étant procuré de l'argent, il lui téléphona, personne ne répondit... Bertrand savait pourtant que l'homme était toujours chez lui à cette heure-là. Il décida de s'y rendre, de frapper à sa porte et si c'était nécessaire d'attendre devant chez lui.

L'homme habitait au fond d'une cour, une ancienne loge de concierge transformée en vague studio encombré de meubles hétéroclites, car le dealer se prétendait brocanteur.

La porte n'était pas fermée. Bertrand entra et vit sur un matelas à même le sol l'homme qui lui avait tourné le dos, agité de convulsions. Il le secoua, ne parvint pas à lui faire reprendre conscience. L'homme semblait aller très mal, il avait besoin de secours, il était dans le coma. Bertrand aurait dû appeler de l'aide, téléphoner aux pompiers ou au Samu. Au lieu de cela, il fit le tour de la pièce et vit sur une table un paquet de drogue. Il le prit et sortit sans un regard, n'éprouvant tout d'abord que de la satisfaction à sentir dans sa main serrée, crispée dans sa poche, les cinq ou six grammes d'héroïne qui allaient lui permettre d'être bien, d'être tranquille au moins une semaine. Il ressentait également un sentiment de jouissance d'avoir volé cet homme qui lui avait pris son argent des mois durant mais lui avait refusé l'aumône d'un paquet, sachant ce que Bertrand allait vivre.

Plus tard, bien plus tard, Bertrand éprouva du dégoût. Pour tout, pour lui-même, pour la drogue, pour le dealer qui râlait sur son matelas, pour la vie qu'il menait, pour l'état dans lequel il se trouvait, du dégoût et du désespoir. Il savait qu'il ne pourrait jamais s'en sortir, il était trop tard, personne ne pouvait l'aider, il était seul, il s'enfonçait, se dégradait. Sa vie maintenant se limitait à cela. Il ne pouvait rien prévoir, rien envisager. Il fallait tous les jours qu'il se procure de quoi s'acheter de la drogue et qu'il rencontre quelqu'un qui lui en vende.

Il lui était impossible de quitter Paris même peu de temps à moins d'avoir de quoi faire une provision de drogue. Il se sentait lié, attaché, impuissant, et surtout seul. Il ne voyait plus personne. Il n'avait plus rien à dire. Ses anciens amis se détournaient de lui, à ceux qui lui téléphonaient encore, manifestant une véritable amitié, il n'osait proposer un rendez-vous, prendre date pour un déjeuner. Incapable de prévoir l'état dans lequel il se trouverait dans trois jours ou dans une semaine, de moins en moins capable de conserver l'apparence de ce qu'il avait été.

Nathalie est affaissée sur un canapé, devant la télévision. Elle ne regarde pas l'émission. La dose de Tranxène qu'elle reçoit par perfusion est telle qu'elle est à peine consciente. Elle traîne derrière elle le pied mobile auquel est suspendue la poche contenant le médicament mêlé à du glucose.

Bertrand est assis à l'autre extrémité du canapé, suivant vaguement les péripéties d'une série américaine.

Entre eux vient s'installer un jeune patient arrivé la veille, il est de très petite taille, presque un nain. Il est obligé de faire des revers à son pantalon de pyjama, il porte aux pieds des surchaussures, ces sacs de plastique qu'enfilent les chirurgiens avant de pénétrer dans le bloc opératoire, on n'a trouvé que cela pour qu'il ne soit pas pieds nus. Il ne parle à personne, ne répond à aucune question, ignore les infirmières. Par moments, il éclate de rire, sans que l'on sache pourquoi, pendant de longues minutes il hoquette en tentant de réprimer ses accès de gaieté, puis il retourne à son silence.

Il regarde Nathalie, dont la tête penche en arrière, il

se rapproche d'elle, pose la main sur sa cuisse, commence à la caresser... Nathalie ne réagit pas, il se rapproche encore, lui passe un bras autour du cou et l'embrasse. Nathalie ouvre à peine les yeux puis, tout à coup, comme si elle se réveillait, elle lui rend son baiser. Ils s'embrassent longtemps, fougueusement, d'une manière un peu obscène. Le jeune homme écarte le pied du goutte-à-goutte, se colle à Nathalie, se presse contre elle, lui pétrit la poitrine avec une sorte d'acharnement, Nathalie se laisse faire.

Bertrand regarde, surpris, un peu choqué par la violence animale de la scène. Les infirmiers sont occupés ailleurs, ils sont seuls.

Le jeune patient se penche, enjambe presque Nathalie qui réagit avec sensualité. Pendant de longues minutes ils se mêlent, se chevauchent...

Le jeune patient n'a pas prononcé un mot, puis tout à coup il se lève, prend Nathalie par la main et l'entraîne vers sa chambre. Nathalie suit en trébuchant, accrochée à son goutte-à-goutte mais une infirmière arrive, elle les sépare sans rien dire elle non plus. Elle renvoie le jeune patient à son étage, conduit Nathalie vers le canapé où elle la réinstalle.

Nathalie se tourne vers Bertrand, son regard est noyé de larmes. Elle murmure : « Fais-le.

– Non », répond Bertrand.

Dans le couloir on entend le rire du jeune patient qui s'élève, brisant le silence. Nathalie penche à nouveau la tête en arrière et se replonge dans son Tranxène. Bertrand prend un Kleenex et lui essuie la bouche.

C'est l'heure où l'on distribue les somnifères. Bertrand demande ses comprimés, il a envie de se réfugier dans le sommeil le plus vite possible.

4

Pendant longtemps Bertrand tenta de continuer à fumer de l'opium mais, à Paris, les « plateaux » s'éteignaient les uns après les autres ; les fumeurs disparaissaient, les plus âgés mouraient, les autres gardaient jalousement leurs réserves car, depuis la victoire des forces communistes en Indochine, la mission militaire française du Laos était fermée. Quant à l'amiral qui connaissait le fonctionnaire du quai d'Orsay, il s'était retiré à la campagne.

Bertrand ne pouvait plus, comme il en avait pris l'habitude, fumer tous les soirs.

Après des semaines de fatigue, après des mois de dépression qui commençaient à affecter son travail, il prit la décision d'aller lui-même se procurer de l'opium en Asie ; il lui était souvent arrivé, au cours de ses voyages, d'en rapporter de petites quantités, dix ou vingt grammes, mais cette fois il voulait en avoir suffisamment pour être à l'abri du manque pendant longtemps.

Un jour, rasé de frais, habillé de clair, l'œil vif et le verbe facile, malgré les efforts que cela lui coûtait, il alla proposer à un hebdomadaire un reportage sur la Thaïlande.

« C'est le moment, dit-il au rédacteur en chef, la situation est de plus en plus tendue, une crise politique est sur le point d'éclater, les tribus du Nord sont prêtes à prendre les armes, soutenues par les communistes, l'agitation grandit de semaine en semaine... »

Il avait encore assez de crédit pour qu'on lui fasse confiance et le rédacteur en chef accepta de l'envoyer en mission.

Bertrand est arrivé à Chiengmai, la capitale provinciale du nord de la Thaïlande ; il vient de Paris, il n'est resté à Bangkok que trois heures, le temps de déposer sa valise chez un ami, correspondant d'un quotidien français, et il a pris le car ; une nuit de voyage pendant laquelle il a dormi. Au matin il est arrivé à la gare routière, taxi, hôtel... Il y a de plus en plus de touristes qui visitent Chiengmai ; la région est belle, le climat doux ; dans les montagnes alentour vivent les tribus mhongs et notamment les Méos dont la principale activité, la seule activité, est la culture du pavot à opium.

Chiengmai se situe près des trois frontières, Thaïlande, Laos, Birmanie, c'est la pointe sud du fameux Triangle d'or d'où provient l'opium et, depuis une vingtaine d'années, le « brown sugar », l'héroïne... La région est très convoitée, on ne sait pas très bien quelles autorités, quelles armées la contrôlent ; du côté birman, il y a les rebelles Karens et Shans en révolte contre le régime de Rangoon, les Laotiens sont à l'est, les Thaïlandais au sud, mais il y a tant de clans, de groupes armés, de trafiquants... Les plus importants, à cheval sur les trois frontières, sont les successeurs des généraux chinois nationalistes qui s'y sont installés vers 1950, fuyant l'avancée des troupes communistes ; ils ont mis la main sur les trafics les plus fructueux, la drogue bien sûr, mais aussi les pierres précieuses, les armes et toute la contrebande qui depuis la riche Thaïlande alimente le Laos et la Birmanie.

Les premiers généraux chinois et leurs soldats sont morts mais d'autres ont pris leur place, en particulier Kun Sa dont on annonce régulièrement l'arrestation depuis dix ans, mais qui est toujours là et opère en liaison avec les triades de Hong Kong et de New York et la complicité d'officiers supérieurs thaïlandais.

A Chiengmai tout est calme, on peut visiter temples, pagodes, marchés... mais quand on monte vers le nord, vers les collines où s'étendent les champs de pavot, on ne sait plus très bien à qui on a affaire.

Jusqu'aux années 70 on ne trouvait que de l'opium ; depuis les trafiquants ont installé des raffineries artisanales dans la jungle et, avec de multiples et importantes complicités, l'héroïne se répand dans le monde entier, en Europe, aux Etats-Unis...

Il y a vingt ans les Américains ont tenté de faire pression sur le gouvernement thaïlandais pour qu'il détruise les champs de pavot, mais rien n'a changé, si ce n'est l'attitude des autorités thaïlandaises à l'égard des Occidentaux qui sont arrêtés en possession de drogue. « Puisque vous voulez que nous luttions contre le trafic », ont-ils répondu aux Américains qui protestaient contre la sévérité des peines frappant les Occidentaux : prison à vie, condamnation à mort, « ne vous plaignez pas si nous réprimons ceux qui viennent s'approvisionner chez nous ! »

Les autorités et les officiers thaïlandais, eux, trafiquent. Ce n'est un secret pour personne et cela se chiffre en tonnes et en millions de dollars ; ils protègent les convois, les raffineries..., passent des accords avec Kun Sa, mais le petit trafiquant qui achète vingt grammes ou le petit consommateur qui n'a qu'un ou deux grammes sur lui se retrouvent les chaînes aux pieds...

La première personne qu'a rencontrée Bertrand est le représentant du consulat de France, affairé, débordé ; il l'a reçu dans son bureau du centre-ville. « Je n'arrête pas d'essayer de sortir de prison les jeunes Français qui font la bêtise d'acheter un gramme d'héroïne, parfois cinq ou dix, qui se font dénoncer aussitôt par celui qui leur a vendu la drogue et qui se retrouvent derrière les grilles ; lorsque j'arrive à m'arranger avec les policiers locaux, je peux les en tirer mais lorsque j'interviens trop tard et qu'ils sont expédiés à Bangkok, c'est fichu. Ces jeunes imbéciles croient qu'ils ne risquent rien parce que le trafic se fait au grand jour, ils tombent dans tous les pièges, toutes les provocations ; la police donne une prime importante à celui qui les dénonce ; pour les jeunes c'est un jeu, une expérience amusante ; d'autres viennent pour acheter un peu plus et revendre en France ; dans tous les cas leur vie est foutue, vingt ans minimum... »

Bertrand, qui a l'intention d'acheter de l'opium, sort du consulat les mains moites, mais il se dit qu'il connaît le pays, il ne commettra aucune imprudence ; il a une bonne couverture, il est journaliste et vient enquêter sur la situation politique et militaire... Il prend des contacts, rencontre des officiels, des colonels, il fait son métier pendant les premiers jours.

Il s'est installé dans un grand hôtel du centre d'où, tous les matins, il prend le même taxi pour aller à ses rendez-vous ; il sait que les chauffeurs de taxi renseignent la police... Un soir, après s'être fait déposer à son hôtel, il en sort par une autre porte et se dirige, à pied, vers le marché, il se promène un instant, buvant un Coca, regardant les étals, puis il entre dans un second hôtel, y loue une chambre ; il n'a avec lui qu'un sac et un peu de linge ; il y passe la nuit et au matin regagne son premier hôtel d'où il prend son taxi habituel ; il se fait conduire en dehors de la ville « pour aller voir les Méos » précise-t-il. Le chauffeur n'est pas surpris, beaucoup de touristes font la même chose ; une heure de route dans la montagne et ils arrivent à un premier village ; deux cars sont arrêtés sur la place principale, des dizaines d'Européens et de Japonais photographient les femmes en robe noire et turban bleu, achètent des tissus brodés ou des bijoux d'argent. Mais Bertrand dit au chauffeur de continuer, « il y a trop d'étrangers, trop de touristes, allons plus loin... ». Le chauffeur lui jette un regard soupçonneux mais surtout ennuyé ; la route n'est plus très bonne, elle serpente entre les arbres, creusée d'ornières. Encore une heure de trajet et un second village apparaît ; au loin les corolles des pavots s'étendent sur le flanc des collines. Bertrand fait arrêter la voiture, descend, se promène un instant entouré d'enfants surpris, amusés par sa présence, puis il dit au chauffeur : « Je voudrais fumer de l'opium. » Le chauffeur sourit d'un air complice, il croit que Bertrand comme d'autres touristes s'offre un petit frisson ; il le conduit dans une maison un peu à l'écart où, dans un coin, trois hommes sont étendus autour d'un plateau. Bertrand sent l'odeur douce-amère, le parfum d'humus et de fleurs en décomposition, il aspire, emplit ses poumons comme s'il retrouvait de l'air, de l'oxygène après une longue course. La pipe est rudimentaire, les instruments noircis et tordus mais l'odeur est là... Bertrand s'allonge, il fume deux ou trois pipes provoquant des sourires appréciateurs de la part des consommateurs qui ont tout de suite reconnu un connaisseur à sa manière d'inhaler en un long grésillement continu, sans s'interrompre, sans tousser, sans s'étrangler... La fumée âcre se répand dans son corps, détend ses muscles, dans son esprit les idées sont nettes, claires, évidentes... Il demande s'il peut acheter de l'opium ; sourire du chauffeur. « Bien sûr, combien ? dix grammes ? – Un kilo », répond Bertrand. Silence soudain. Le chauffeur enfin traduit et entame une longue discussion avec le patron de la fumerie.

Un kilo, cela fait beaucoup d'argent pour eux, ils négocient la part de chacun. Bertrand ne se fait aucune illusion, ils vont doubler ou tripler le prix et dès son retour à Chiengmai le chauffeur ira informer la police. Le chauffeur avance un chiffre, l'équivalent de trois mille francs français ; pour eux c'est énorme. Bertrand ne discute pas mais il dit : « Je veux l'opium maintenant. » Le patron proteste : « Je n'en ai pas autant, il faut revenir demain. » Bertrand sort de sa ceinture une liasse de dollars : « Tout de suite, répète-t-il, il y a bien un kilo quelque part dans ce village ! » Il prend un risque, il est seul...

La conversation reprend, animée, puis on lui dit d'attendre et le chauffeur sort avec un autre homme. Bertrand n'a pas peur, il n'y a ni policiers ni militaires dans ce village éloigné, une demi-heure se passe en silence. Bertrand refuse la pipe supplémentaire qu'on lui propose. Enfin le chauffeur revient avec l'autre homme et un troisième individu, d'une trentaine d'années, qui porte une ample chemise européenne ; on aperçoit, glissée dans la ceinture de son sarong, la crosse d'un pistolet. Il s'accroupit et sort de sa chemise un paquet enveloppé de papier grossier taché comme par des marques d'huile. Il ne dit pas un mot. Bertrand prend dans sa poche un couteau, le plante dans le paquet dont il a écarté le papier, il en retire une parcelle d'opium qu'il présente à la flamme de la lampe ; il ne veut pas se faire rouler en achetant du goudron. La parcelle gonfle, se boursoufle, devient d'un jaune très clair, l'odeur est forte... C'est de l'opium frais, de la dernière récolte. Bertrand tend l'argent, prend le paquet et se lève. Le chauffeur et l'autre homme se disputent, comptent les billets. Bertrand n'attend pas, le chauffeur le rejoint et le taxi démarre, reprenant la route de Chiengmai. Le trajet se déroule en silence ; par instants le chauffeur regarde Bertrand dans le rétroviseur et Bertrand lit clairement dans son regard ; il réfléchit à la meilleure manière d'obtenir sa prime de dénonciation.

La voiture arrive à Chiengmai devant le premier hôtel, Bertrand rentre, erre un instant du bar au hall jusqu'à ce qu'il voie le chauffeur confier les clés de son véhicule à un de ses collègues et s'éloigner. Bertrand est sûr qu'il se dirige vers le commissariat. Il sort alors par l'autre porte, se perd dans les rues, traverse le marché en flânant puis se rend à son deuxième hôtel, il monte dans sa chambre, répartit l'opium dans trois grandes boîtes métalliques, des boîtes de films pour professionnels, il descend, le tout dans son sac. Cela n'a duré que dix minutes. Il règle sa note, reprend son passeport et va à pied à la gare routière, achète un billet pour Bangkok et monte dans un car, abandonnant sa valise dans le premier hôtel, où il est pratiquement sûr que la police l'attend déjà. Après une nuit de route, il débarque à Bangkok, retrouve son ami avec qui il bavarde, prend un verre, plaisante ; ils vont déjeuner dans un petit restaurant au bord d'un canal en compagnie d'une jeune femme qui travaille dans une organisation caritative.

Bertrand n'est pas très loquace mais son ami n'a d'yeux que pour la jeune femme, une Japonaise. Bertrand les laisse, prétextant une migraine ; il a dit à son ami qu'il devait rentrer à Paris plus tôt que prévu. Il emballe les boîtes de films scellées avec du scotch noir dans un carton prévu à cet effet, inscrit en travers en gros caractères « Ne pas ouvrir à la lumière du jour », va à la poste et expédie le colis sous un nom fictif à l'adresse d'un hôtel du Quartier latin dont il connaît le propriétaire, puis, à un autre guichet, il envoie un télégramme à ce même hôtel réservant une chambre au nom qu'il vient d'inventer en précisant qu'on lui conserve son courrier.

Enfin il prend un taxi pour l'aéroport. Il y a une place sur l'avion d'Air France pour Paris. Il attend quelques heures, embarque... comme il n'a pas de bagages, il est soigneusement fouillé ; au matin il est à Roissy. Si la police de Chiengmai a enquêté, retrouvé son second hôtel, alerté la police de Bangkok, ce qui est tout de même très improbable, il est déjà loin.

Les jours suivants il rédige son article puis va voir son ami propriétaire de l'hôtel et le prévient qu'un de ses amis lui a demandé de récupérer son courrier. Rien n'est encore arrivé mais le lendemain l'hôtelier l'appelle : « J'ai un colis pour ton ami, en provenance de Thaïlande. »

Bertrand éprouve un petit pincement au cœur en se rendant à l'hôtel. Le colis a peut-être été ouvert, la police attend peut-être celui qui viendra en prendre possession... mais tout se passe bien et Bertrand rentre chez lui avec un kilo d'opium frais de la dernière récolte.

Il est tranquille pour de longs mois mais il a pris des risques. Il a tremblé de peur à de nombreuses reprises, il aurait pu passer le reste de ses jours dans une geôle thaïlandaise, être condamné à la pendaison... et tout cela pour un kilo de drogue qui va partir en fumée.

Ce n'est que maintenant qu'il en prend conscience en s'allongeant devant son plateau ; ses mains tremblent un peu lorsqu'il allume la lampe à huile et puis il fume, et le bien-être qu'il éprouve fait disparaître ses doutes, calme son angoisse, détend son corps, apaise son esprit.

Pendant près d'un an, chaque soir, il sortait son plateau, invitait à son tour ses amis fumeurs, ravis de l'aubaine, le félicitant de son exploit. Un an... puis tout redevint comme avant. Bertrand hésita pendant un moment à renouveler son expédition mais il apprit qu'un de ses amis, journaliste comme lui, s'était fait prendre. Il avait pu en donnant de l'argent aux policiers s'en sortir et il avait quitté la Thaïlande par la route, clandestinement.

Non, Bertrand ne se sentait plus le courage de retourner à Chiengmai, son nom figurait peut-être sur les listes de la police. Des représentants européens et américains de la lutte contre les stupéfiants avaient ouvert des bureaux permanents dans la ville ; à la poste les colis passaient désormais par un appareil de détection.

Ce serait une folie.

Mais Bertrand se sentait en manque d'une manière permanente, pas seulement le manque physique, le « nien » disent les opiomanes, mais en état de dépression, de détresse ; il continuait son travail de plus en plus difficilement. Sa femme, dont il était amoureux depuis qu'il avait vingt ans, menaçait de le quitter. Il avait vécu, et continuait à vivre avec elle, et parfois contre elle, une passion mouvementée, heurtée, éblouissante quelquefois, terrible à d'autres moments.

Plus rien ne remplissait ce vide, ce sentiment étrange qu'il connaissait si bien qui lui nouait la gorge et oppressait sa poitrine.

De l'opium à l'héroïne la distance est grande, mais Bertrand la franchit rapidement.

Au début, et pendant des années, il réussit à garder le contrôle de sa vie, de ses pensées, de son activité, de son travail sans se rendre compte que, peu à peu, lentement mais inexorablement, il s'enlisait.

C'est tard qu'il sombra, mais de plus en plus vite, avec une sorte de détermination suicidaire.

Comme lorsqu'il fumait de l'opium il parvint longtemps à conserver une apparence, à entretenir une illusion, mais cela devenait de plus en plus difficile, de plus en plus périlleux, de plus en plus coûteux.

Travailler, voyager, sortir, tout commençait à dépendre de la drogue.

On ne peut pas jouer avec l'héroïne.

Quel que soit le temps, qu'il pleuve ou qu'il neige, été comme hiver, à treize heures très exactement la silhouette dégingandée d'un vieux Noir américain apparaissait au coin de la rue du Bac et du boulevard Saint-Germain.

L'homme qui habitait une rue voisine sortait ainsi chaque jour et faisait le tour du carrefour, s'arrêtant ici ou là, devant les gens qui attendaient son arrivée, debout dans la rue ou à la terrasse d'un café. Avec chacun il échangeait quelques mots d'une voix rauque, jetait autour de lui des regards soupçonneux, empochait les billets, glissait dans la main qu'on lui tendait un paquet d'héroïne et s'éloignait vers son prochain client.

Ce manège a duré des années. Tous les commerçants du quartier étaient au courant. Il portait sa profession sur son visage ravagé. Il se prétendait photographe et avait dû l'être des années plus tôt, mais pendant quinze ans il a vécu de son trafic. Limité à une poignée de consommateurs qui savaient où et quand le trouver, cela payait sa propre consommation et cela lui permettait de vivoter plutôt mal que bien. C'était le smicard de la drogue, perpétuellement agressif, n'accordant jamais le moindre crédit, sa première phrase était : « Tu as l'argent ? » En cas de réponse négative, il s'éloignait sans discuter.

Il ne cherchait rien d'autre qu'à amasser les deux ou trois milliers de francs qui lui permettaient de renouveler son stock et de prendre un repas et quelques bières. Il n'avait aucun ami, ne sortait de chez lui que pour sa tournée quotidienne au su et au vu de tout le monde. Jamais la police ne l'a inquiété. Il est mort d'un cancer du poumon qui l'a emporté en trois mois. La veille de sa mort, il effectuait son trajet habituel, les jambes flageolantes, le souffle court. Les commerçants du quartier se sont cotisés pour lui offrir une couronne de fleurs.

Au cours de ses années de toxicomanie, Bertrand a rencontré des dizaines de dealers différents qui forment dans sa mémoire une étrange galerie de portraits.

Il a eu affaire à des voyous, à des professionnels, à des toxicomanes comme lui, qui avaient un contact intéressant et revendaient en prélevant leur bénéfice, il a rencontré des gens de tous les âges et de tous les milieux, de toutes les races et de tous les aspects. Parmi eux, beaucoup de marginaux, de paumés, mais aussi des gens aisés et insérés dans la société. Des hommes et des femmes, beaucoup de femmes, des illettrés comme des universitaires, des gens célèbres comme des semi-clochards...

Une étrange galerie de portraits. Il changeait souvent

de fournisseur, les uns disparaissaient sans laisser de trace, d'autres avaient épuisé le stock où ils se fournissaient, beaucoup se faisaient arrêter par la police. Pendant toutes ces années, Bertrand, chaque jour, en voyait un. Avec certains il n'échangeait que quelques mots. Avec d'autres, il bavardait pendant des heures. Il lui arrivait souvent de retrouver dans tel ou tel café, dans tel ou tel appartement, les mêmes consommateurs, mais leurs rapports restaient superficiels, limités, honteux presque. Il se fit pourtant un ou deux amis qu'il éprouvait du plaisir à voir. Souvent ils se rendaient ensemble au rendez-vous, attendant, bavardant, partageant la même angoisse, plus ou moins cachée derrière les conversations anodines, l'évocation de souvenirs, de projets illusoires. Ils se perdaient de vue, se retrouvaient quelques mois plus tard à la même porte. Ils échangeaient des nouvelles de relations communes, évoquaient l'un d'entre eux, mort d'overdose, un autre malade du sida, un troisième militant dans une association d'anciens toxicomanes...

Une étrange galerie de portraits. Avec la plupart d'entre eux, les rapports étaient clairs. Le fournisseur cherchait à prendre le plus d'argent possible, avide, exigeant, utilisant le pouvoir que lui donnait le produit dont le consommateur avait besoin pour lui extorquer son dernier billet, sans remords, souvent avec une hargne et un mépris déguisés sous des paroles amicales. D'autres se montraient compréhensifs, acceptant d'avancer une dose, sachant qu'ils ne seraient jamais remboursés. Cela dépendait de leur humeur, de leur état, de leurs possibilités... Certains étaient ponctuels, d'autres faisaient parfois volontairement attendre des heures.

Il y a eu le conducteur d'une rame de métro qui donnait des rendez-vous précis : 16 h 42, ligne Clignancourt, direction Orléans, rame nº 83... Bertrand fréquenta un certain temps un ancien cinéaste qui avait tenu un petit rôle dans un film des années 70 et qui parlait de sa carrière et de ses projets. Il était impossible de passer moins d'une heure avec lui. Il avait besoin de contacts, de croire et de faire croire qu'on se voyait entre amis pour le plaisir, mais il ne faisait pas grâce d'un centime.

Il y eut le marchand de tissus qui faisait les marchés de banlieue le matin et trafiquait l'après-midi dans sa camionnette rouillée. Il y eut la chanteuse de variétés dont la carrière s'était arrêtée et qui connaissait tout le show-business. Il y eut l'employée de bureau toujours nette et discrète qui arrondissait ses fins de mois. Elle sortait à midi de son agence, mêlée aux secrétaires qui se pressaient à l'heure du déjeuner vers les snack-bars, semblable à des centaines de jeunes femmes, habillées comme elle. Elle frôlait Bertrand, l'échange ne prenait que quelques secondes et elle disparaissait sans un mot, dans la foule. Il y eut le pseudo-musicien africain qui vivait dans un squat et avec qui la transaction pouvait durer des heures.

Il fallait lui donner l'argent, attendre qu'il aille acheter de la poudre, laissant Bertrand dans la rue jusqu'à ce qu'il ait terminé ses palabres. Il y eut la « marquise », une ancienne starlette à la voix de rogomme, hargneuse et pestant contre une société qui l'avait rejetée alors qu'elle avait fréquenté les boîtes de nuit les plus sélectes et les réceptions les plus mondaines. Il fallait lui téléphoner pour la rencontrer, on tombait souvent sur sa mère avec laquelle elle vivait et qui prenait les messages, répondant : « Elle sera là dans un moment, elle est allée faire ses petites affaires sur le boulevard... » Elle avait été arrêtée tant de fois, elle était tellement connue de la brigade des stupéfiants qu'elle ne restait incarcérée que quelques jours, voire quelques heures mais, comme par hasard, ses fournisseurs les plus importants « tombaient » chacun à leur tour. Il y eut le placier en assurances qui montait de Toulouse régulièrement pour faire le tour des dealers qu'il fournissait. Il y eut la mère de famille qui manipulait l'héroïne, pesant chaque paquet, à côté du lait en poudre de son bébé. Il y eut le voyou qui sortait de prison et qui voulait amasser assez d'argent pour acheter un bar sur la côte d'Azur et qui se fit braquer par d'autres voyous qui le dépouillèrent de ses économies. Il y eut la coiffeuse arabe perpétuellement en chômage et qui vivait de son commerce dans un réduit sordide avec un Africain sans papiers qui ne sortait jamais.

Bertrand rencontra même à deux ou trois reprises un commissaire de police, ancien membre de la cellule antiterroriste de l'Elysée, qui avait sans doute été mêlé à des trafics d'armes et de drogue pour infiltrer des réseaux palestiniens, qui avait fréquenté des palaces et des hommes d'affaires richissimes, qui avait vécu un ou deux ans dans l'ambiance luxueuse et excitante du Moyen-

Orient, sortant avec des mannequins, roulant en Mercedes et qui, une fois la cellule dissoute, était revenu dans un service terne de l'administration. Il avait utilisé ses anciennes relations pour dealer pour son propre compte et continuer à vivre luxueusement. Assez vite ses supérieurs s'aperçurent d'activités qui n'étaient plus justifiées par les besoins du service et le mutèrent discrètement dans une île éloignée mais ensoleillée. Il y eut l'ancien révolutionnaire arménien que la police faisait chanter pour qu'il donne le nom des terroristes qu'il avait connus. Il vivait dans la peur et dans la misère.

Bertrand rencontra un proxénète qui s'était aperçu que l'on pouvait devenir riche en peu de temps à condition d'avoir un solide réseau de clients et d'être régulièrement approvisionné. Il y eut tous ceux qui, mi-dealers, mi-consommateurs, vivaient en marginaux toujours à la recherche d'une combine, d'une affaire, d'un « plan » et qui, dans l'espoir d'empocher deux ou trois centaines de francs, l'embarquaient dans des circuits interminables pour finalement rapporter un produit inconsommable. Il y eut aussi le fonctionnaire des P et T qui un jour par hasard, dans une enveloppe à demi ouverte, ayant découvert quelques grammes d'héroïne pure, chercha quelqu'un que cela pouvait intéresser, le trouva et pendant des années détourna lettres et colis venus d'Asie et contenant de la drogue, sans quitter son emploi, refusant même promotion ou mutation ; il resta au service du tri et, lentement, précautionneusement, amassa assez d'argent pour s'acheter plusieurs studios et s'assurer une retraite confortable. Il y eut le petit braqueur de banques reconverti dans la drogue et qui en six mois se fit connaître à des dizaines et des dizaines de clients, au point qu'il fallait faire la queue chez lui mais qui, drogué à son tour, prenant des doses énormes de cocaïne, devint tellement paranoïaque qu'il se débarrassa dans les toilettes de plusieurs kilos de drogue, croyant qu'on venait l'arrêter, et qui se fit abattre par les trafiquants qui lui avaient fait confiance et qu'il ne pouvait rembourser.

La toxicomanie ne conduit pas forcément à la marginalisation et à la ruine. Bertrand a connu un peintre coté qui ne pouvait travailler sans prendre d'héroïne. Il en achetait des quantités importantes et était tranquille pour un mois ou deux. Mais il lui arrivait de ne pas trouver à s'approvisionner, il s'angoissait, paniquait, téléphonait à toutes ses relations et arrivait à se faire dépanner avant de retrouver un approvisionnement régulier. Il achetait par cent ou deux cents grammes. Cela lui coûtait plusieurs centaines de milliers de francs, mais cela ne représentait que le prix d'une toile ou deux que sa galerie lui avançait sans poser de question.

Bertrand fit même la connaissance d'un diplomate affecté dans une ambassade de France au Moyen-Orient qui utilisait la valise diplomatique, que nulle douane ne peut contrôler, pour approvisionner des amis parisiens ; il ne le faisait pas gratuitement bien sûr. Il utilisait également la valise pour s'envoyer, à lui-même, à sa propre adresse en France, des quantités plus importantes, plusieurs kilos qui lui permirent, une fois son séjour terminé, d'assurer sa propre consommation tout en vendant très cher une partie de son stock.

Il eut un moment d'inquiétude lorsqu'un vieux toxicomane à qui il avait procuré une héroïne trop pure mourut d'overdose, craignant que la police n'ouvre une enquête, mais il se rassura très vite.

La première personne qui vendit de l'héroïne à Bertrand était une amie, une jeune femme de bonne famille mariée très tôt, divorcée aussitôt et qui avait trompé son ennui en fréquentant des gens moins conventionnels que son ex-mari et ses parents.

Elle habitait un petit deux-pièces dans le Quartier latin et avait installé dans sa chambre une sorte de loggia où elle passait le plus clair des journées. Téléphone, carnet d'adresses, télévision, biscuits secs et chiens en peluche l'entouraient. Elle connaissait beaucoup de monde et en particulier des consommateurs de drogue, mais aussi des trafiquants qui étaient sûrs de trouver chez elle des clients intéressants. Comme elle était sans ressources, elle prélevait sur chaque transaction un peu d'argent et un peu de poudre. Il y avait donc chez elle, quasiment en permanence, une demi-douzaine voire une douzaine de personnes. Des « amis » qu'elle « dépannait ». Jamais elle n'avait toléré qu'on l'appelât dealeuse. Pourtant elle vivait de ce trafic.

A chaque personne qui lui téléphonait, elle répondait :

« Oui, tu peux venir. “Il” passera dans un moment, je l’attends. » Et au fil des heures le groupe s’agrandissait de toxicomanes plus ou moins en manque dont la nervosité croissait car il fallait parfois attendre très longtemps. Elle, dans sa loggia, regardait un film à la télévision, croquait des bonbons, les autres s’agitaient, trompant leur attente en lisant des bandes dessinées ou fumant « un joint ». Si l’un d’eux pestait et disait : « Je ne peux plus attendre, je vais essayer ailleurs », elle répondait : « Ne t’en va pas, il sera là d’une minute à l’autre. » Enfin, quand elle avait réuni autour d’elle un nombre suffisant de clients, elle téléphonait au fournisseur du moment et lui demandait de passer. Elle ramassait l’argent et lorsque le dealer arrivait, elle le faisait monter dans la loggia et, à voix basse, arrangeait avec lui la transaction, partageant la drogue, comptant les billets, prélevant sa « taxe »... Enfin chacun passait près d’elle, recevoir son dû. L’atmosphère, qui pendant longtemps avait été tendue, devenait soudain plus légère. Les seringues ou les pailles sortaient des poches, plaisanteries et rires s’élevaient et, les uns après les autres, « les amis » qu’elle avait « dépannés » quittaient l’appartement où certains attendaient depuis le matin.

Elle était devenue une sorte d’institution pour le petit groupe de toxicomanes qu’elle connaissait. Lorsque l’un d’entre eux était en panne, lorsque le fournisseur d’un autre avait été arrêté par la police, lorsqu’un troisième rentrait de voyage, lorsqu’un dernier, consommateur occasionnel, voulait se « faire une fête », on était sûr, en lui téléphonant, de sa réponse : « Passe, je l’attends. »

Bertrand rencontra chez elle une faune étonnante. De l'agrégé au voleur de voitures, du fils de famille à l'ouvrier typographe, de l'actrice à l'éditeur. Il y avait un va-et-vient perpétuel dans son escalier, le jour ou la nuit. Elle entretenait d'excellentes relations avec ses voisins qui la félicitaient d'avoir tant d'amis. Jamais personne dans son immeuble ne suspecta la moindre activité illicite. Jamais le commissariat du quartier ne fut alerté. Après une bonne quinzaine d'années de ce genre de vie, elle devint soudain soucieuse de sa santé, rejoignit un groupe de toxicomanes repentis, arrêta de se droguer et se mit à militer, auprès de ses amis, pour qu'ils arrêtent à leur tour. C'est chez elle que Bertrand noua ses premiers contacts, rencontra d'autres dealers, d'autres consommateurs qui, eux-mêmes, connaissaient d'autres dealers, ce qui lui permit d'avoir une longue liste de numéros de téléphone et de toujours savoir où s'adresser en cas de besoin, même à l'étranger. C'est par son intermédiaire qu'il rencontra une jeune femme qu'un trafiquant important avait fait venir de province avec d'autres pour l'aider dans son commerce. L'homme avait tellement de clients qu'il ne pouvait, seul, les voir tous. Il avait commencé par importer du haschich, puis s'était intéressé à l'héroïne et à la cocaïne. Il possédait une belle propriété aux environs de Paris où il élevait des chevaux de course et chaque matin chargeait ses assistants ou assistantes de faire le tour de la clientèle qu'il s'était constituée. C'était pour deux ou trois personnes un travail à plein temps. Lorsque, après deux années d'une enquête provoquée par l'arrestation au Canada d'un de ses passeurs, il fut arrêté, la police mit la main sur plusieurs kilos de drogue et sur des sacs-poubelle emplis de billets de cinq cents francs. La police mit également la main sur son carnet d'adresses qui contenait des centaines de noms, parfois célèbres. Y figurait en bonne place le nom de Bertrand.

L'instruction dura deux ans, tant le réseau était complexe et important. Une dizaine de trafiquants furent inculpés ainsi que quelques consommateurs. Le juge d'instruction les avait choisis un peu au hasard mais aussi, sans doute, poussé par le désir de faire un exemple en montrant que la justice s'appliquait à tous et que la position sociale n'était pas une protection.

« S'il avait fallu inculper tous mes clients, avait fanfaronné l'inculpé principal, ce n'est pas un prétoire mais un stade qu'on aurait pu remplir. »

Parmi les dix consommateurs dont le nom avait été retenu se retrouvaient une femme de lettres très connue, un professeur d'université, un éditeur, un diplomate, un fils de famille ruiné et Bertrand.

5

Lorsque la nuit tombe sur l'hôpital, les rêves de Bertrand se multiplient, se mêlent, se confondent ; il lui semble que le silence et la vacuité de ses journées, les efforts qu'il déploie pour ne penser à rien, pour ne rien envisager, pour se réfugier dans une immobilité totale du corps comme de l'esprit provoquent, par réaction, une accumulation de sensations et d'images qui envahissent ses nuits et dont, le matin, il ne se souvient qu'un bref instant avant que tout s'efface. Il n'a qu'une minute pour démêler l'écheveau de souvenirs qui se superposent...

Cette nuit sont apparues, une fois encore, des scènes de violence, des scènes auxquelles il avait assisté, mélangées à des récits qu'il avait recueillis et d'autres qu'il a entendus à la télévision.

Il y a d'abord eu l'intrusion d'un groupe d'hommes armés dans l'hôpital de Ferber, des soldats nigérians qui ont parcouru les salles, s'arrêtant devant chaque lit, soulevant les pagnes, découvrant les corps des malades et des blessés.

Chaque fois qu'ils voyaient un homme jeune présentant des traces de blessures par balles, ils le tiraient hors du lit, le traînaient dans la cour malgré ses cris de douleur ; les infirmières étaient figées, Ferber assistait à la scène, le visage d'un blanc crayeux, les poings crispés... Les soldats ont ainsi regroupé une trentaine d'hommes très jeunes pour la plupart, aux corps presque nus, aux pansements maculés à demi arrachés, certains inconscients. Les blessés ont cessé de crier, le silence s'est fait, on n'entendait que des gémissements indistincts ; les autres réfugiés s'étaient tassés en une sorte de masse compacte dans un coin éloigné du camp. Les soldats alors ont tiré, mitraillant presque à bout portant ; quatre rafales ont suffi... Puis ils sont sortis en criant et en faisant des gestes de menace en direction des médecins. Des rigoles d'un sang très rouge se sont écoulées, vite absorbées par la poussière. Le camion qui avait amené les soldats est reparti et le silence est retombé pesant, presque palpable, personne ne bougeait. Ferber avait les yeux clos. Il est resté plusieurs secondes avant de se reprendre, donnant des ordres d'une voix sèche, presque menaçante : « Qu'est-ce que vous attendez ? Débarrassez-moi de ces corps et portez-les à la fosse. » La fosse c'était une tranchée recouverte de terre et de chaux vive dans laquelle on mettait les morts de la nuit...

Puis, à la télévision, Bertrand voit d'autres corps allongés, des squelettes à demi décharnés... plus loin des hommes et des femmes innombrables qui marchent et qui se rassemblent autour d'un lac, une multitude, une foule sans fin, une marée..., des enfants qui regardent avec des yeux immenses ; ils ont les jambes grêles et le ventre ballonné, leur peau est couverte d'ulcères et de plaies où s'agglutinent les mouches... encore plus loin un camion est entouré de gens qui tendent désespérément la main, se battant entre eux, se disputant avec brutalité les biscuits qu'on leur distribue. C'est au Rwanda ou au Zaïre, Bertrand ne sait plus ; des médecins européens tentent de mettre un peu d'ordre, l'un d'entre eux parle d'épidémie, de choléra, de génocide... Des corps immobiles sont piétinés, dénudés, abandonnés... Des soldats, en armes, tirent en l'air pour ramener le calme.

La foule patauge dans un sol boueux, marécageux, dont on ne sait pas s'il s'agit d'eau stagnante, d'urine, d'excréments...

Enfin, il y a le récit d'un jeune Cambodgien que Bertrand avait rencontré dans un camp de réfugiés en Thaïlande ; un garçon d'une quinzaine d'années qui venait de franchir la frontière après avoir erré plusieurs jours dans la forêt, fuyant le village où il s'était caché lorsque les Khmers rouges avaient pris Battambang, la capitale provinciale, où il vivait avec sa famille. Avant l'arrivée des hommes en noir, son père lui avait donné l'ordre de s'enfuir, lui conseillant de demander asile aux bonzes d'une pagode voisine, pensant sans doute que le jeune homme y serait à l'abri.

Il est mince et frêle, ses poignets graciles comme ceux d'une femme, le visage émacié, les pommettes saillantes, les yeux à peine bridés, son teint clair révèle du sang chinois...

Il parle d'une voix douce et calme, racontant ce qu'il a vécu d'un ton détaché, semblant presque s'excuser d'évoquer la violence de certains moments : « Les Khmers rouges, dit-il, n'étaient qu'une vingtaine ; ils sont entrés dans la pagode, demandant du riz et du poisson, puis ils se sont installés, disant aux moines qu'ils allaient leur faire perdre la graisse qu'ils avaient accumulée en se nourrissant sur le dos du peuple... quelle graisse ? Les moines étaient tous très maigres... Ils sont restés une dizaine de jours ; chaque matin, très tôt vers cinq heures, avant le lever du soleil, ils réunissaient tout le monde, empêchant les moines d'aller prier, et ils les conduisaient vers la forêt avec des bêches et des machettes pour qu'ils aillent couper du bois pour la cuisine ; ils les obligeaient à travailler sans s'arrêter jusqu'au coucher du soleil, ne leur donnant ni à manger ni à boire, puis avant de rentrer à la pagode ils en menaient un à l'écart et le tuaient d'un coup de bêche sur la nuque.

« Chaque matin les moines étaient plus faibles ; ils n'osaient même pas parler entre eux et buvaient en cachette de l'eau de pluie. Et puis le vénérable est mort ; un soir, il s'est simplement assis le dos contre un arbre, fixant le soleil couchant ; au matin, il était tout raide, les paupières encore ouvertes. Lorsqu'il n'est plus resté que cinq ou six moines, et moi qui étais habillé comme eux, ils ont attendu le soir et ils nous ont à nouveau conduits dans la forêt, les mains attachées dans le dos ; ils nous ont fait agenouiller par terre. Moi j'étais un peu à l'écart ; j'ai vu les Khmers rouges sortir des sacs de plastique de leurs poches et ils les ont enfilés sur la tête des moines en serrant les sacs autour de leur cou ; l'un après l'autre les moines ouvraient la bouche, mordaient le plastique, leurs yeux s'ouvraient très grand puis ils tombaient par terre et leurs corps étaient pris de convulsions. J'ai pu défaire mes cordes qui étaient mal attachées et je me suis enfui pendant qu'ils étaient occupés avec les deux derniers. J'ai couru aussi longtemps que j'ai pu vers le soleil couchant car on m'avait dit que la Thaïlande était dans cette direction, je me suis caché longtemps, je buvais l'eau des mares, et puis j'ai rencontré un groupe de paysans qui m'ont pris avec eux, ils s'enfuyaient eux aussi et nous sommes arrivés hier en suivant un sentier qui menait jusqu'ici. Il y avait des militaires thaïlandais qui surveillaient la sortie de la forêt ; ils fouillaient les réfugiés pour voir s'ils avaient de l'or ou des bijoux et quand une fille était jeune et jolie ils la gardaient pour eux. »

Dans le rêve de Bertrand une image, soudain, grossit et s'impose ; c'est lui qui enfile un sac de plastique sur une tête, une tête de femme ; le visage se tourne vers lui et il s'aperçoit que c'est sa femme qu'il est en train d'étouffer... Cela ne dure qu'un dixième de seconde et l'image disparaît pour laisser place à un rond lumineux, aveuglant, comme un soleil couchant qu'on regarde sans cligner des paupières.

La femme de Bertrand était très belle, si belle que Bertrand pensait qu'il aurait fallu inventer un autre mot pour la décrire. Grande, mince, brune, les yeux noirs, sa silhouette droite et fière attirait tous les regards et toutes les envies.

Ils s'étaient rencontrés en Grèce un été ; ils avaient tous les deux vingt ans. Ensemble ils avaient parcouru le pays, ils avaient contemplé le soleil se coucher derrière le cap Sounion, éclairant de ses dernières lueurs les colonnes du temple de Zeus, ils avaient admiré la statue d'Antinoüs, d'une beauté irréelle, l'aurige de Delphes ; ils avaient nagé côte à côte dans la mer Egée au large de l'île d'Hydra ; ils ne s'étaient pas touchés, ils n'avaient pas échangé un seul baiser, mais pendant tout un mois ils ne s'étaient pas quittés, parlant de tout, ne parlant de rien. Lorsqu'ils s'étaient séparés à l'aéroport d'Athènes, chacun empruntant un vol différent, ils n'avaient même pas échangé leurs adresses ; pour Bertrand comme pour elle il était évident qu'ils se retrouveraient, c'était une certitude absolue et une certitude aussi absolue que le temps ne comptait pas, que cela serait dans un mois ou un an, mais qu'ils se retrouveraient et que cela serait pour longtemps, on ne dit jamais « toujours » à vingt ans.

Elle était étudiante en psychologie et commençait à faire, pour gagner sa vie, des photos de mode.

Bertrand étudiait les langues orientales et suivait les cours de la faculté de droit. Il se passionnait déjà pour l'Afrique et avait choisi en plus du droit civil le droit privé et public africain et malgache. Ces matières le fascinaient car c'était, peu après l'indépendance des Etats du continent noir, un droit où se mêlaient les influences les plus contradictoires. On y retrouvait des passages entiers du code Napoléon, suivis de droit coranique, de droit coutumier et même certaines influences du droit canon de l'Eglise catholique ; les codes de ces divers pays, du Mali comme du Bénin, du Cameroun ou du Tchad, étaient très différents les uns des autres mais ils avaient un aspect commun : ils n'étaient appliqués nulle part. C'étaient des droits virtuels, de pures conceptions de l'esprit, totalement abstraits, ignorés de tous sauf des juristes qui les avaient élaborés. Des droits fantômes, des créations de l'esprit, parfaitement conçus et totalement inutiles.

Bertrand découvrait déjà un univers irréel, déconnecté de la réalité. Sur place, c'étaient d'autres rapports qui existaient, tabous, clans, familles, armée, corruption, influences diplomatiques ou économiques, pillage, guerres... Bertrand étudiait avec plaisir, sortait souvent le soir et pendant de longs mois, presque tout un hiver, pratiquement à chaque fois qu'il entrait dans un appartement où dansaient des couples, quelqu'un lui disait : « Ah, c'est dommage, "Elle" vient de partir, elle a demandé si tu allais passer, tu l'as ratée de cinq minutes à peine... » Parfois Bertrand voyait son visage dans un magazine, portant une robe du soir couverte de bijoux étranges, peinte comme une icône, tellement différente de ce qu'elle était en Grèce mais aussi belle, d'une sophistication qu'il savait n'être qu'une apparence mais qui le troublait profondément.

Enfin, une nuit, en mars, ils se retrouvèrent.

C'est l'année précédant sa mort qu'il fut inculpé.

Bien avant que le procès n'ait lieu, des rumeurs ont couru, des noms ont été prononcés. Bertrand sait que le sien circule dans le milieu des journalistes, confirmant d'ailleurs le comportement qu'il a parfois, l'état dans lequel on le voit et qu'on attribuait, c'est plus admissible, moins choquant, à l'alcool. Il sait aussi que la police est au courant, mais il ne prend aucune précaution particulière. Ce qui doit arriver arrivera bien assez tôt. Il ne peut pas imaginer qu'il puisse intéresser ceux qui luttent contre le trafic de stupéfiants ; des consommateurs comme lui il y en a des milliers, des dizaines de milliers, peut-être plus.

Et puis quoi faire ? Voir un médecin ? Il l'a fait et a été éconduit parce qu'il demandait des médicaments de « substitution », pour ne pas souffrir de manque ; il n'envisage même pas de rencontrer un psychiatre ; il ne sait pas qu'il est malade, que la drogue n'est qu'un symptôme d'une détresse bien plus profonde, enfin, autour de lui, nombreux sont ceux qui font la même chose. Il lui est arrivé d'assister à des réceptions où cocaïne et héroïne circulaient comme des petits-fours, où l'on prenait une ligne comme on boit une coupe de champagne.

En quoi cela regarde-t-il la justice ou la police ? Tant qu'il n'en vend pas, qu'il n'en propose à personne. N'est-on pas libre de se détruire comme on le souhaite, avec le produit que l'on choisit ? Il considère que c'est un problème personnel, il a le droit de se ruiner, de mettre sa santé, même sa vie, en danger. Ne fait-il pas la même chose depuis des années ? Mourir d'un éclat d'obus ou d'une balle perdue est permis, voire encouragé lorsque cela permet à un journal de vendre plus d'exemplaires, à la télévision d'acquérir une plus grande part de marché, alors un rail d'héroïne... Cela ne concerne que lui... et la femme qu'il aime.

« Police, vos papiers. »

Trois hommes venus de nulle part ont soudain entouré Bertrand qui sortait de chez son dealer et retournait à sa voiture, en compagnie d'un autre client du dealer, un antiquaire.

Bertrand est interloqué, surpris, son esprit cesse de fonctionner ; il sort sa carte d'identité sans dire un mot, son compagnon l'imite. Les trois policiers sont en blouson, en jean et en baskets, deux d'entre eux sont jeunes, cheveux mi-longs, anonymes, le troisième est plus âgé, les cheveux en brosse, le regard dur.

« D'où sortez-vous ? demande le plus âgé.

– Mais... », Bertrand hésite, « j'avais rendez-vous avec un ami... », il bafouille, les mots ne sortent pas.

« Qui ? Quelle adresse ? » Bertrand se trouble, fait un geste évasif désignant vaguement l'immeuble dont il vient de sortir.

Une curieuse sensation naît en lui, une sorte de soulagement qu'il n'analyse pas très bien.

« Montrez vos bras », ordonne le policier. Bertrand et son compagnon retroussent les manches de leurs vestes. Les bras de Bertrand sont lisses, vierges de toute trace mais son compagnon présente des marques de piqûres nombreuses, anciennes et récentes.

Le policier sort de sa poche un talkie-walkie : « C'est bon, nous en tenons un ! »

Les deux policiers plus jeunes s'approchent de Bertrand et fouillent ses poches, sortant son portefeuille, son carnet d'adresses, son paquet de cigarettes, ils palpent le pantalon... rien. Bertrand a tout consommé avant de quitter le dealer. Ils font de même pour l'antiquaire qui a eu le temps de jeter son paquet dans le caniveau... rien non plus ; ils ont l'air déçus... une voiture s'arrête à la hauteur du groupe qu'ils forment et autour duquel des passants se sont attroupés.

« Vous allez nous suivre à la brigade... »

Sans conviction Bertrand demande : « Pouvez-vous me dire quelle infraction j'ai commise ? »

C'est au tour du policier de se troubler, mais il se reprend très vite et il répond par une phrase un peu confuse : « Enquête sur un trafic de stupéfiants... suspect de consommation... » Un autre policier intervient : « Cela fait une semaine qu'on vous voit entrer chaque jour à la même heure dans cet immeuble et nous avons des informations précises et concordantes sur la présence d'un dealer d'héroïne, déjà condamné, et que nous allons interpeller, vous allez nous expliquer ce que vous allez faire chez lui tous les jours depuis une semaine. »

Bertrand ne répond rien, il sait qu'il pourrait protester de son innocence, il n'a pas de drogue sur lui, pas de traces de piqûre, il a le droit d'aller voir qui il veut mais il sait que cela ne servirait qu'à indisposer les policiers qui prendraient un autre ton. Il sait que les policiers savent. Il serait inutile de discuter et puis il y a ce sentiment de soulagement ; cela va peut-être servir à quelque chose, peut-être à mettre un terme à ce qu'il vit.

Ils s'entassent, l'antiquaire, lui et les policiers, dans une voiture qui se dirige vers le quai des Orfèvres, ils entrent dans la cour, descendent de voiture, montent trois étages. Bertrand est mené dans un petit bureau, une pièce étroite, à la fenêtre mansardée, aux classeurs métalliques débordants de papiers, son compagnon est installé dans un bureau voisin dont on ferme la porte.

Le policier le plus âgé s'installe en face de Bertrand derrière un bureau, il pose les avant-bras sur une vieille machine à écrire. Bertrand a l'impression de voir la scène d'une série policière à la télévision.

« Ne perdons pas de temps, ni le mien, ni le vôtre, dit le policier d'un ton las, admettez-vous être allé chez ce dealer, que nous surveillons ? Admettez-vous être un de ses clients ? »

Bertrand tousse pour s'éclaircir la voix mais le policier d'un geste lui fait signe de se taire, il continue : « Nous savons tout sur vous, sur vos habitudes, nous avons constaté vos visites régulières ; votre copain est en train de se mettre à table, il ne peut rien nier, il a confirmé tout ce que nous voulions savoir, il a les bras troués comme une passoire et déjà un casier judiciaire. Le dealer, je peux vous l'assurer, ne fera aucune difficulté pour admettre qu'il vous a vendu de la drogue... Voulez-vous compliquer les choses ? Ou bien voulez-vous que nous en terminions au plus vite, et j'ajoute au mieux pour vous ? Nous savons que vous n'êtes pas un trafiquant mais un petit consommateur, vous ne risquez pas grand-chose ; ce n'est pas vous qui nous intéressez mais le dealer et surtout son fournisseur... »

Bertrand se rend bien compte que s'il met un doigt dans l'engrenage, s'il admet, cela l'entraînera bien plus loin... en termes judiciaires, c'est vrai qu'il ne risque pas grand-chose mais... procès-verbal, aveux... Tout va se savoir, sa famille...

Il hausse les épaules, il acquiesce, il n'oppose aucune résistance, encore une fois il éprouve une sorte de soulagement.

« Oui, dit-il, je suis toxicomane. »

Le policier soupire, se redresse, pose les mains sur le clavier de la machine : « Bon, nom, prénom, adresse, profession... »

La machine à écrire cliquette, dans la pièce voisine, une autre machine est déjà en marche... dans le couloir, par la porte entrouverte Bertrand voit passer le dealer les menottes aux poignets.

Bertrand raconte ; il a quand même le réflexe de minimiser les choses mais cela semble suffire au policier, il déclare qu'il connaît le dealer, qu'il le voit régulièrement, qu'il lui est arrivé à plusieurs reprises de lui acheter pour deux cents francs d'héroïne, il raconte qu'il est consommateur de drogue depuis longtemps, il ne donne pas de précision. Le policier tape consciencieusement sur son clavier, pose des questions : « Combien ? Quand ? Vos revenus ?... » Enfin avec un nouveau soupir, il tire la feuille du procès-verbal et la pose devant Bertrand. « Relisez et signez », puis il sort de la pièce. Bertrand l'entend téléphoner, probablement au juge d'instruction qui suit l'affaire, il entend : « Aucun problème... C'est bien ce que nous pensions... consommateur... rien sur lui... bon, d'accord. »

Il revient et déclare à Bertrand : « Nous avons le droit de vous placer en garde à vue pendant quarante-huit heures mais, compte tenu de la légèreté des charges retenues contre vous, vous ne serez sans doute même pas inculpé, peut-être simplement appelé à témoigner, et encore... Vous pouvez rentrer chez vous. » Bertrand a signé la feuille, sans même la relire, à quoi bon ?

Il se lève, soulagé ; la sensation d'angoisse a disparu, il est presque heureux de s'être libéré, d'avoir pu parler, même à un policier.

Il hésite puis il tend la main au policier qui la lui serre et ajoute : « Une dernière question, pour moi cette fois, comment en êtes-vous arrivé là ? »

Le lendemain matin le policier lui téléphone. Bertrand, surpris, un peu anxieux, encore sous le coup de son interpellation l'entend dire : « Peut-on prendre un verre ensemble ? J'ai deux ou trois choses à vous dire, en dehors des affaires du service, bien sûr. »

Bertrand accepte le rendez-vous, l'anxiété se mêle d'inquiétude, mais il est intrigué. Ils se rencontrent dans une brasserie du boulevard Saint-Michel, à deux pas du quai des Orfèvres dont, de sa place, Bertrand aperçoit la silhouette massive. Face au policier ses mains tremblent un peu...

« Tenez, dit le policier, je vous ai apporté un cadeau », et il glisse discrètement dans la main de Bertrand un petit paquet de papier plié semblable en tout point à ceux que Bertrand achète quotidiennement. « Ce n'est pas grand-chose mais je crois que c'est de bonne qualité et j'ai pensé que vous seriez peut-être un peu... fatigué aujourd'hui puisque vous n'avez plus votre dealer habituel. »

Il sourit d'un air aimable et d'un signe de tête indique

la porte des toilettes. « N'hésitez pas, je vous attends, nous serons plus à l'aise pour bavarder... et n'ayez pas peur, ce n'est pas un coup fourré... »

Bertrand se lève, s'isole deux minutes, le temps de prendre une ligne d'héroïne, puis revient à la table.

« Alors ? » demande le policier avec un clin d'œil complice. Bertrand ne répond pas, il sent l'héroïne se répandre dans son corps et une détente l'envahir. « Bon, continue le policier, parlons sérieusement ; vous vous en êtes bien tiré hier, il n'y aura aucune suite, j'en fais mon affaire ; encore une fois ce n'est pas vous qui nous intéressez, ce sont les dealers et leurs fournisseurs... » Bertrand ne dit toujours rien. « Vous devez connaître pas mal de monde, j'imagine ; vous avez des copains, l'adresse d'autres dealers.

– Pas tellement, dit Bertrand.

– Allons, allons, ne me faites pas croire que le type d'hier était votre seul contact. »

Bertrand hausse les épaules.

« Si vous me branchez sur une belle affaire, on pourrait s'arranger...

– S'arranger ? questionne Bertrand, qu'est-ce que vous voulez dire ?

– Je ne vous propose pas d'argent, nous n'en avons pas, mais un peu de came, un pourcentage sur les prises, ça serait une sacrée économie pour vous et puis surtout si vous tombez par hasard sur d'autres flics vous n'aurez qu'à dire que vous êtes sur ma "liste rouge", ça pourrait vous être utile, non ? »

Bertrand sourit, il trouve une fois encore la situation totalement irréelle ; après s'être caché, après avoir craint la police si longtemps, après ces contacts clandestins avec des revendeurs qui prenaient tant de précautions pour ne pas se faire remarquer, qui n'osaient pas parler au téléphone, inventaient des codes, changeaient les lieux de leurs rendez-vous, après ces années pendant lesquelles, consciemment ou pas, il avait eu un frisson d'angoisse et la gorge sèche en croisant une voiture de police quand il avait un paquet de drogue dans sa poche, il trouve incroyable d'être là, attablé avec un inspecteur de la brigade des stupéfiants, buvant un demi de bière, sentant dans son corps les effets d'une poudre dont cet inspecteur lui a fait cadeau, provenant à l'évidence d'une saisie récente... C'est le monde à l'envers, à nouveau !

« Je ne peux quand même pas vous donner le nom de mes amis.

– Pas vos amis, cela ne nous intéresserait pas et d'ailleurs nous les connaissons déjà, non ; ce sont les trafiquants que nous voulons coincer.

– Je ne connais qu'un ou deux revendeurs qui n'ont jamais plus de quelques grammes sur eux !

– Ça peut suffire, on peut remonter une filière, trouver le grossiste... Si ça nous permet de tomber sur cinquante ou cent grammes, pour nous, c'est excellent... »

Bertrand secoue la tête : « Non, je ne vois pas...

– Dites-vous bien, dit le policier, que les trafiquants vous méprisent, vous détestent, vous exploitent, vous extorquent jusqu'à votre dernier franc et lorsqu'ils sont arrêtés, ils vous balancent sans une hésitation.

– Je le sais parfaitement, mais je ne crois pas être en mesure de vous aider. »

Le policier sourit et se lève en lui tendant un papier sur lequel est inscrit un numéro de téléphone : « Réfléchissez, c'est ma ligne directe, téléphonez-moi la semaine prochaine... on pourra toujours boire un pot. » Il paye la consommation et sort.

Bertrand reste un instant immobile, se remettant lentement de sa surprise, mais dans son esprit les choses sont claires ; il ne fera rien, Dieu sait où cela pourrait l'entraîner... dénonciation, représailles. Il sait parfaitement que s'il donne un nom, et ce n'est pas l'envie qui lui manque tant il a accumulé de haine pour certains revendeurs qui l'ont encouragé, lui proposant du crédit, donné un gramme de plus pour mieux le tenir, pour qu'il consomme plus, prenant son argent, le poussant à la ruine en toute connaissance de cause, s'il donne un nom il sera contraint de continuer, on exigera d'autres noms ; il dépendra pour son approvisionnement non plus des dealers mais de la police... Non, ce n'est pas envisageable. Il sourit intérieurement en tâtant dans la poche de sa veste le paquet dont le policier lui a fait cadeau et il téléphone à un de ses amis, se rend chez lui et ils partagent le reste de la drogue. « A la santé des Stup, dit son ami en se penchant vers la ligne de poudre blanche, je ne sais pas si c'est parce que je sais d'où elle vient mais elle me paraît particulièrement bonne, je lui trouve une saveur incomparable. »

C'est le soir de Noël. La plupart des patients ont eu la permission d'aller chez eux. Dans la salle à manger de dérisoires guirlandes de papier doré pendent lamentablement sur les murs, ne faisant que souligner la laideur de la pièce, la grisaille... On a cru bien faire en installant ces décorations pour apporter une note de fête dans cet endroit sinistre et glacé.

Il ne reste que quatre ou cinq malades ; les infirmières de jour terminent leur service ; on voit qu'elles sont prêtes pour le réveillon qu'elles vont passer en famille ou avec des amis. La plupart sont un peu plus maquillées, coiffées avec soin, sous leurs blouses blanches on aperçoit un corsage lamé, une jupe de satin ; elles ont distribué les médicaments à la hâte ; elles sont volubiles, souriantes, elles échangent des plaisanteries. Les infirmières de garde arrivent, de moins bonne humeur ; la perspective de passer Noël à l'hôpital ne les ravit manifestement pas. Autour de l'unique table sont réunis ceux qui n'ont nulle part où aller et ceux, comme Bertrand, dont on juge l'état incompatible avec quelques heures de liberté. D'ailleurs il ne se sent pas d'humeur à la fête. Il a demandé à ses filles de ne pas lui téléphoner, s'excusant de ne pouvoir être avec elles. Jamais autant que ce soir il ne s'est senti aussi désespéré, aussi seul, aussi coupable, aussi humilié. Les minutes, les heures lui paraissent interminables, il n'attend qu'une chose, qu'on lui donne ses somnifères et qu'il puisse dormir, jamais il n'a autant redouté l'insomnie qui le tient souvent éveillé jusqu'à l'aube...

Autour de lui sont assis trois femmes et un homme, l'homme est muet, immobile, rigide, le regard vide, il ressemble à un mannequin de cire, une vieille femme au crâne presque chauve lui fait face, elle radote un peu, grommelle, se plaint de tout, refuse la nourriture. L'hôpital a pourtant fait un effort pour améliorer le repas mais un effort dérisoire lui aussi ; il y a une tranche de saumon d'un rouge agressif, une cuisse de dinde à la chair si dure que le couteau a de la peine à l'entamer et une sorte de crème saupoudrée de petites boules sucrées vertes comme des petits pois anglais.

« Joyeux Noël », dit l'infirmière qui amène la table roulante métallique où sont empilées les assiettes en plastique ; elle essaie, sans y parvenir, de prendre un ton enjoué. « Il y a un bon film ce soir à la télévision. » Mais il fait si froid dans la pièce où est installé le poste que personne ne songe à s'y asseoir.

Nathalie est tellement assommée de Tranxène qu'elle penche, glisse de sa chaise et que Bertrand sans arrêt la redresse pour qu'elle ne tombe pas par terre.

La dernière convive est une grosse femme presque obèse, édentée, qui ricane par instants et s'empare de toutes les portions que les autres refusent. Elle s'exclame : « Ah ! on peut dire qu'ils ont bien fait les choses ce soir, on est gâtés ! » A chacun on a offert une petite boîte de chocolats entourée d'une ficelle dorée, « cadeau de la maison » a précisé l'infirmière.

La télévision allumée dans la pièce voisine et que l'on entend vaguement diffuse des informations ; après un reportage montrant les bousculades dans les grands magasins où se pressent les clients de dernière heure, les bras chargés de paquets enrubannés, c'est l'annonce d'un nouveau massacre de civils dans un village proche d'Alger ; 30 morts précise le présentateur, des femmes et des enfants décapités à la hache ; on perçoit les lamentations des survivants. L'homme immobile se lève soudain, va éteindre le poste et revient à sa place sans un mot. La grosse dame proteste : « Mais pourquoi ? Ça mettait un peu de gaieté ; j'espère qu'ils vont rediffuser *Le Père Noël est une ordure*, c'est si drôle... ou alors un dessin animé, *Blanche-Neige* peut-être. » Elle va rallumer le téléviseur, appuie sur tous les boutons, brouille les chaînes, appuie encore et trouve une émission de variétés ; un boys band chante un air entendu mille fois, entrecoupé de hurlements hystériques de fans. Bertrand repousse son dessert, il n'a rien mangé, il a la gorge si nouée qu'il ne peut même pas avaler une cuillerée de cette crème écœurante.

Il va à la fenêtre d'où l'on aperçoit une portion de

rue, un restaurant enguirlandé d'ampoules bleues et rouges, des gens qui dînent, qui rient, lèvent des coupes de champagne ; les voitures klaxonnent... C'est Noël.

Une douleur aiguë vrille sa poitrine, l'empêchant presque de respirer, il regagne sa chambre où il s'enferme, s'allonge, les yeux ouverts, l'esprit vide ; machinalement il tend la main vers le livre qu'il a lu et relu cent fois et dont il connaît chaque page presque par cœur. Il s'efforce de chasser de sa tête chaque pensée, chaque idée, chaque image. Il jette un coup d'œil à sa montre... encore une heure avant les somnifères. Il entend dans le couloir le grincement des roues du goutte-à-goutte que Nathalie traîne derrière elle, l'infirmière la raccompagne dans sa chambre, elle vacille, s'arrête, frappe à la porte de la chambre de Bertrand : « Bon Noël », murmure-t-elle, elle repart, Bertrand l'entend demander d'une toute petite voix : « C'est Noël, est-ce que je pourrais donner un coup de téléphone ? » Elle tient à la main sa radio, elle n'aime pas la musique moderne et écoute sans doute Radio-Nostalgie.

Bertrand entend un tube des Beatles : « We all live in a yellow submarine, yellow submarine, yellow submarine... »

C'est un air qu'il a entendu pour la première fois à Damas, en Syrie.

« We all live in a yellow submarine... »

La chanson des Beatles, diffusée par une radio branchée sur une station américaine, retentit, venant de l'appartement du dernier étage de l'immeuble.

Bertrand, lui, est sur la terrasse ; la musique est soudain couverte par les cris de la foule, en bas, dans la rue. Les passants se sont arrêtés, le nez en l'air. Ce n'est pas Noël, c'est Kippour, pour les juifs et en particulier pour les Israéliens, c'est aussi la guerre depuis deux jours.

Damas étend autour de lui ses maisons grises et ses immeubles de ciment ; plus loin c'est la campagne, une sorte de désert sec où poussent quelques arbres recouverts de poussière, le ciel est d'un bleu intense, le soleil brille, éblouissant. Sur le toit d'autres immeubles, des gens sont rassemblés. Tous regardent en l'air. Très haut deux avions minuscules progressent à une allure qui paraît lente, vue d'en bas, ils laissent derrière eux une vague traînée blanche et cotonneuse. Soudain ils se séparent, le premier pique, amorce un virage puis disparaît, le second continue ; on commence à distinguer derrière lui, se mêlant à la trace qu'il laisse, un objet brillant, plus petit. L'objet n'a pas l'air d'aller très vite, mais il suit l'avion, s'en rapproche lentement, le rattrape. Il y a un éclair, une boule de feu à l'arrière de l'avion qui, aussitôt, entame une chute... On distingue un minuscule point noir qui s'en détache, presque au même moment l'avion explose, le point noir tombe puis un parachute se déploie et, au ralenti, descend, disparaît à la vue des observateurs, il a dû atteindre le sol dans la campagne désertique très près de la ville. Une clameur monte des toits, les gens crient, des coups de feu éclatent, tirés en l'air.

Les avions étaient des chasseurs israéliens, l'un a pu s'enfuir, l'autre a été rejoint et abattu par un missile syrien.

Bertrand descend du toit et se précipite vers le taxi qui l'attend à la porte de l'hôtel. « Au ministère de l'Information, dit-il, vite... »

Le taxi se mêle à une circulation désordonnée, des voitures, des camions, des motos, des charrettes à âne... Le chauffeur klaxonne sans discontinuer, Bertrand lui a glissé un billet pour qu'il aille le plus vite possible, il veut arriver le premier, avant les autres journalistes. Le taxi s'immobilise devant un bâtiment bas, gris, laid, gardé par des policiers, entouré de barbelés. Bertrand se précipite, écarte les policiers en montrant sa carte de presse, le chauffeur de taxi qui l'a suivi crie en arabe aux policiers la phrase que Bertrand lui a demandé de dire :

« C'est très important, il a rendez-vous avec le colonel Khalil. » Les policiers, impressionnés, hésitent puis laissent entrer Bertrand qui s'approche du bureau d'accueil ; d'autorité il saisit le téléphone et répète, en français, à la Syrienne en uniforme de sergent la même phrase : « C'est très important, j'ai rendez-vous avec le colonel Khalil » et il compose le numéro du bureau du colonel qui répond lui-même :

« Je n'ai pas le temps, dit Khalil, nous venons d'abattre un Mirage israélien...

– Je sais, répond Bertrand, c'est pour ça que je suis là, emmenez-moi voir le pilote qui a dû être récupéré et transporté quelque part.

– Mais je ne sais même pas s'il a déjà été arrêté, je ne sais même pas où il peut être.

– Ecoutez, Khalil, l'avion est tombé très près de la ville, la police militaire a dû envoyer sur les lieux un détachement et il n'y a qu'un seul endroit où on a pu emmener le pilote, c'est l'hôpital militaire ; lorsqu'on s'éjecte en plein vol, en général, on ne s'en sort pas indemne. »

Khalil hésite. « Je n'ai pas d'ordres... » Bertrand lui coupe la parole. « Les autorités vont le présenter à la presse internationale dès demain pour montrer au monde que la Syrie est sur le point de vaincre et qu'elle interdit son ciel aux Israéliens, si vous me menez là-bas, les photos seront diffusées dans le monde entier dans deux heures, vous serez félicité de votre initiative... »

Khalil hésite encore mais la perspective de se voir féliciter l'emporte et puis il aime bien Bertrand, ils ont fumé un peu d'opium dans son appartement... cela crée des liens. « Bon, c'est d'accord, je dirai que je vous avais promis la visite de l'hôpital militaire... Mais je ne suis pas sûr qu'il y soit.

– Moi, j'en suis sûr, affirme Bertrand.

– Attendez-moi. »

Trois minutes plus tard, Khalil est là, mince, impeccable, la moustache taillée de frais, le teint foncé, les yeux bleus ; c'est pour son aspect autant que pour ses capacités qu'on lui a confié ce poste au ministère de l'Information, il parle trois langues et donne une image très positive d'officier efficace et compétent.

Bertrand abandonne son taxi et ils montent dans la voiture de Khalil, un jeune soldat est au volant. La voiture se lance à son tour dans les encombrements mais elle n'a pas besoin de klaxonner : les policiers de faction, en voyant la plaque militaire et le fanion, arrêtent la circulation. En une demi-heure ils arrivent à l'hôpital militaire, il y a une grande effervescence dans la cour, devant un bâtiment écarté.

« C'est là, dit Bertrand, j'en suis sûr. » Khalil s'avance jusqu'à la porte du bâtiment, montre ses papiers officiels, il occupe un poste important, on le laisse passer. Bertrand suit dans son sillage.

« Le pilote israélien ? » demande Khalil d'une voix autoritaire. Un officier lui répond : « Il est au premier, on lui pose un plâtre, les services de renseignements ne l'ont pas encore interrogé.

– Allons-y », décide Khalil, jouant le jeu jusqu'au

bout. Ils gravissent un escalier, écartent des soldats de faction, entrent dans une salle.

Le pilote est là, allongé, on lui a bandé les yeux pour qu'il ne puisse pas identifier les lieux où on l'a transporté. Un médecin en blouse blanche et deux infirmiers achèvent d'enduire de plâtre le pansement qu'il a autour du tibia. C'est un homme d'une trentaine d'années, il est blond, presque chauve, des mèches de cheveux tentent de cacher sa calvitie, il porte encore sa combinaison de vol dont on a déchiré la jambe. Il est figé, il ne fait pas un geste, il a à peine tourné la tête en entendant la porte s'ouvrir. Le médecin le rassure en anglais : « C'est un officier qui vient vous voir, n'ayez pas peur... » Délicatement, presque avec tendresse, il replace les mèches de cheveux sur son crâne.

Bertrand s'approche : « Je suis journaliste, français... » Le pilote se redresse, il a l'air un peu soulagé. Les infirmiers achèvent le plâtre avec minutie en prenant bien soin de ne pas lui faire mal.

« Je viens d'être abattu, j'ai été arrêté tout de suite, je ne suis ici que depuis très peu de temps...

– Je sais, répond Bertrand, j'ai vu votre appareil se faire descendre. Comment vous appelez-vous ? Etes-vous bien traité ? Avez-vous un message à transmettre à votre famille ? »

Pendant que le pilote répond, Bertrand sort son appareil photo et installe le flash. Malgré le bandeau le pilote perçoit l'éclair. Il a un mouvement de recul. « Ne craignez rien, dit Bertrand, je photographie, il ne vous arrivera rien... La Croix-Rouge sera prévenue d'un instant à l'autre... » Il prend d'autres photos, tire un carnet de sa poche, note toutes les indications données par le pilote. Soudain la porte s'ouvre et quatre hommes entrent brutalement, leur ton est violent, ils s'adressent à Khalil qui proteste, crie plus fort qu'eux. La discussion ne dure que deux ou trois minutes ; un officier calme tout le monde mais dit à Bertrand : « Vous auriez dû attendre que nous l'ayons interrogé, comprenez notre surprise.

– J'étais là par hasard, répond Bertrand, je venais visiter l'hôpital avec le colonel Khalil, comme prévu.

– C'est bon, mais maintenant, laissez-nous... »

Bertrand range son appareil. Les trois autres officiers le regardent l'air hostile ; le pilote est à nouveau figé ; Bertrand s'approche, il va lui poser la main sur l'épaule mais un officier s'interpose et Bertrand sort de la pièce avec Khalil. Il n'a pas eu le temps de prononcer un mot de réconfort ou d'adieu. D'ailleurs qu'aurait-il dit ? Bonne chance ? N'ayez pas peur ? Il a un peu l'impression de l'avoir abandonné.

Le pilote qui a été abattu effectuait une mission de reconnaissance, les blindés syriens ont déferlé du Golan et menacent Israël ; on ne sait pas encore ce qui va se passer, si les Israéliens repousseront l'attaque ou si, dans deux jours, les Syriens seront à Tel-Aviv. Les Egyptiens, eux, ont déjà envahi la moitié du désert du Sinaï, traversant le canal de Suez, bousculant les défenses israéliennes, rien n'est joué ; le pilote ignore tout, lorsqu'il a quitté sa base les nouvelles étaient mauvaises. Il a peur, la présence de Bertrand a semblé le rassurer, mais il a peur...

Bertrand rentre à son hôtel. Tout à coup il se sent fatigué ; l'excitation l'a agité, l'a mené, l'a fait bouger, agir, courir, mais maintenant il est las, mal à l'aise, n'a-t-il pas donné de faux espoirs à un homme ? Que va-t-il arriver au pilote ? Comment vont se comporter les services de renseignements syriens ? Ils vont faire leur métier, bien sûr.

Bertrand se dirige vers le siège d'une agence internationale de photos ; un groupe de journalistes discute avec animation, on parle du pilote, on téléphone à toutes les administrations possibles. « Moi, dit un journaliste, j'ai le meilleur contact, Khalil, du ministère. » Bertrand s'approche du responsable de l'agence et tend son rouleau de pellicules.

« Qu'est-ce que c'est ? demande le responsable d'un ton rogue.

– Le pilote », répond Bertrand.

Le silence se fait, des regards de surprise, quelquefois de haine le suivent lorsqu'il s'éloigne pour se rendre à l'A.F.P. afin d'envoyer le texte d'un article sur le pilote abattu et soigné à l'hôpital militaire de Damas. Dans une heure sa famille saura qu'il est en vie... C'est déjà ça. Sans savoir pourquoi Bertrand se sent amer... puis il décide de rappeler Khalil et d'aller fumer avec lui, cela lui changera les idées.

Un jour, après des années passées à s'aimer, à se quitter, à se retrouver, à se disputer, se quitter à nouveau, se retrouver encore, ils se sont mariés. Sur un coup de tête, sans prévenir personne ; ils sont allés à la mairie, ils ont rempli des formulaires, fixé une date et ils sont partis en voyage, au soleil ; une lune de miel avant la cérémonie ; avant ou après, qu'importe !

L'été qui avait suivi celui de leur rencontre en Grèce, ils y étaient retournés. Bertrand avait voulu que pour leur première nuit d'amour tout soit beau, eux, l'endroit, le temps. Qu'importaient les mois, ils pouvaient attendre un peu.

En juillet ils ont quitté Paris, fait escale à Athènes, pris le bateau pour Mykonos.

Elle a été malade pendant toute la traversée, pâle, les cheveux mêlés par le vent, agrippée au bastingage malgré les embruns. Au petit matin ils sont arrivés au port, fatigués, traînant leurs sacs, ils ont trouvé asile chez une vieille femme vêtue de noir qui louait sa chambre aux touristes pendant la saison, dans une maison crépie de blanc, aux volets bleus. Au-dessus du grand lit étaient accrochés une icône de la Vierge et un rameau d'olivier. Les draps étaient frais et grossiers, fleurant la lessive. En face se dressait une chapelle toute blanche d'où sortait un gros pope barbu ; sur le port des bateaux de pêcheurs et des petits restaurants... Ils sont restés à Mykonos tout un mois sans jamais se séparer d'un centimètre, mêlés la nuit, enlacés le jour, peau contre peau, ne se quittant pas des yeux, nageant ensemble, s'allongeant au soleil ensemble, dormant ensemble, se réveillant en même temps, éblouis de soleil et de bonheur, sentant les heures passer dans un calme total fait de certitude, d'évidence. Tout un mois et, cette fois, ils ont regagné Paris par le même vol.

Ils ont repris leur vie, leurs études, elle ses photos, lui son droit africain, se voyant chaque jour, chaque soir, chaque nuit. Cela a duré... Cela s'est brisé, cela a recommencé... leurs amis riaient à chacune de leurs brouilles, attendaient leurs retrouvailles, organisaient des fêtes lorsqu'ils se quittaient après une dispute, une crise de jalousie... des fêtes aussi nombreuses et aussi gaies lorsqu'ils se retrouvaient.

Elle avait achevé ses études et continuait ses photos, voyageant souvent à l'étranger, en Italie, à New York pour un défilé de mode ; Bertrand s'était mis au travail de son côté, commençant lui aussi à voyager en Afrique, au Biafra, puis en Asie, jusqu'au jour où, après une séparation plus longue que les autres et des reproches plus violents que d'habitude, il lui avait téléphoné. La ligne était occupée. Il avait rappelé cinq minutes plus tard : « J'essayais de te joindre mais ce n'était pas libre », avait-elle dit. « Moi aussi », avait répondu Bertrand. Ils avaient ri ensemble puis Bertrand avait simplement demandé : « Quand se marie-t-on ? – Quand tu voudras », avait-elle répondu.

Et pourtant quelques semaines plus tôt ils avaient juré pour la dixième fois de ne plus se revoir, s'accablant de reproches, s'insultant, se dressant face à face comme des coqs de combat.

« J'arrive », avait dit Bertrand.

Ils étaient allés ensemble à la mairie, avaient rempli des formulaires, fixé une date, fait leurs valises pour se retrouver au soleil en attendant le jour prévu. Ils n'étaient rentrés que la veille, c'était au mois d'octobre, avertissant leurs amis, leurs parents, leur donnant rendez-vous pour le lendemain à trois heures de l'après-midi à la mairie du VIe arrondissement, place Saint-Sulpice.

Ils avaient entendu les cris de joie et les rires de leurs amis, les protestations de leurs parents : « Mais c'est insensé, vous êtes fous, demain ? C'est impossible, il faut prévenir la famille, on ne se marie pas comme cela sur un coup de tête, il faut organiser une réception, de quoi avons-nous l'air ?

– Fais pour le mieux », avait répondu Bertrand à sa

mère. Puis il était sorti acheter des alliances qu'il n'avait pas eu le temps de faire graver de leurs noms comme cela se fait d'habitude ; quelle importance ?

« Et l'église ? et la robe ? » avait protesté sa mère à elle. « Un mariage civil ce n'est pas un vrai mariage, que vont penser nos parents, nos amis, nos relations ? » L'église, la robe, quelle importance ?

« Mais alors pourquoi vous mariez-vous ? » avait demandé sa mère.

Oui, pourquoi, pourquoi ne pas continuer à s'aimer, à se voir, à se quitter, à se retrouver ?

Bertrand s'était posé la question et tout ce qu'il avait trouvé à répondre c'était « pour vieillir ensemble ». En disant cela, il avait senti l'angoisse l'envahir comme jamais auparavant, il avait eu peur, comme une prémonition.

6

Bertrand est à Saigon alors que la guerre va se terminer. Il a voulu être avec elle pour partager ce moment exceptionnel ; il a voulu que ce soit ensemble qu'ils vivent ce qui va arriver. D'un jour à l'autre les Nord-Vietnamiens vont remporter une victoire totale. Le régime soutenu par les Américains est sur le point de s'effondrer, l'armée communiste se regroupe dans la forêt autour de la capitale ; le reste du pays est déjà entre leurs mains. La ville de Saigon est à leur portée. C'est un moment historique et en même temps chargé d'une intense émotion pour Bertrand ; il veut qu'elle soit là. Tant pis pour le danger, pour les risques. Cela a trop d'importance pour lui, il faut qu'il lui fasse ce présent qui vaut tous les cadeaux du monde, à ses yeux en tout cas.

C'est une question de jours. Il lui a téléphoné et lui a dit : « Viens, laisse tout tomber, prends le premier avion aujourd'hui même, je ne veux pas être loin de toi en ce moment. » Elle a rempli à la hâte une valise, acheté un billet, et aujourd'hui Bertrand est là, derrière les barrières de la salle d'arrivée des vols internationaux à l'aéroport de Than Son Nut. Toutes les compagnies aériennes ont interrompu leurs liaisons, une roquette est tombée sur la piste la nuit dernière. Des milliers de Vietnamiens se pressent dans la zone d'où les Américains font partir un véritable pont aérien pour évacuer leurs ressortissants et les Vietnamiens qui les ont aidés. On ne sait pas si le Boeing d'Air France va se poser. Ferber est là avec une équipe de médecins, il attend une cargaison de médicaments, en particulier du plasma pour les innombrables blessés qui affluent dans les hôpitaux.

Le haut-parleur depuis une heure donne des informations contradictoires, le vol est annulé, non il n'a que du retard. A l'autre extrémité de la piste, les avions militaires américains décollent les uns après les autres... Soudain le haut-parleur annonce en vietnamien, puis en anglais « arrivée du vol d'Air France 812 en provenance de Paris, Delhi, Bangkok, porte 4 ». Comme d'habitude, comme dans tous les aéroports du monde, comme pour les vols qui transportent les touristes dans un lieu de vacances... le Boeing se pose majestueusement, roule sur le tarmac, s'approche de l'aérogare. Une passerelle est déployée et les voyageurs descendent. Il fait très chaud, l'air est lourd et humide, les nuages noirs de la mousson obscurcissent le ciel. Les passagers ne sont pas nombreux, quelques journalistes retardataires, des médecins venus en renfort. C'est tout et Elle, mince, belle, attirant tous les regards. De toute évidence les gens qui attendent se demandent qui peut être cette jeune femme élégante vêtue de blanc, des lunettes de soleil cachant ses yeux, on la verrait plutôt à Nice ou aux Bahamas. Que vient-elle faire à Saigon au moment où des milliers de personnes tentent de s'enfuir, où l'évacuation par les gros porteurs américains s'accélère, où n'arrivent plus que médecins et photographes pour assister à la chute d'une ville, à la défaite des Etats-Unis et de leurs alliés, une ville quasiment encerclée qui commence à recevoir les obus des canons nord-vietnamiens ?

Le haut-parleur résonne à nouveau. « Le vol Air France 812 repart dans une demi-heure, l'aéroport de Than Son Nut est fermé au trafic civil... »

Ferber s'approche de Bertrand et lui demande : « C'est elle ? – Oui ! »

Il hoche la tête. « Tu ne manques pas d'air, personne ne sait ce qui va se passer. »

Bertrand répond : « Bien sûr, mais tu comprends, pour moi c'était très important... », et il ajoute, comme pour se rassurer, « d'ailleurs je suis persuadé qu'il ne se passera rien de véritablement dangereux, les Nord-Vietnamiens sont disciplinés, l'armée de Thieu ne résistera pas un seul instant, tu n'as qu'à voir dans les rues, on ramasse déjà les uniformes que les soldats enlèvent pour se mettre en civil, ce n'est pas le Cambodge, jamais je ne lui aurais demandé de venir à Phnom Penh, là c'est terrible...

– Tu as peut-être raison, mais tu as entendu les nouvelles, Hanoi menace de bombarder la ville au moindre signe de résistance. Il y a déjà eu des tirs d'obus et des roquettes… J'en sais quelque chose, je vois des civils blessés arriver à l'hôpital… »

Les passagers du vol d'Air France approchent, entrent dans le hall, passent la douane et les contrôles de police.

« Elle est très belle », dit Ferber.

Bertrand hoche la tête, il la regarde venir. Elle semble un peu inquiète, elle le cherche du regard. La foule est nombreuse, les passagers qui ont la chance d'avoir obtenu un billet et une place sur le vol se bousculent. L'avion n'a pas éteint ses réacteurs, les hôtesses pressent l'embarquement, ferment les portes. Le Boeing roule doucement jusqu'au bout de la piste, on entend rugir ses réacteurs puis il décolle, s'élève, s'éloigne, disparaît.

Là-bas les gros porteurs américains prennent l'air tous les quarts d'heure… Elle aperçoit Bertrand. Son visage s'éclaire, elle sourit, fait un signe, enlève ses lunettes, le rejoint, l'embrasse. « Quelle histoire, j'ai bien cru que je n'y arriverais jamais. On a attendu des heures à Bangkok sans savoir si on avait l'autorisation d'atterrir ici. » Bertrand la présente à Ferber qui, sous le charme, en oublie ses médicaments. « J'ai souvent entendu parler de vous, lui dit-il, Bertrand a beaucoup de chance et vous beaucoup de courage. »

Ils se séparent, Bertrand et elle se dirigent vers un taxi qui se fraie péniblement un chemin dans la cohue des véhicules… des chars gardent les carrefours à l'entrée de Saigon. Elle regarde, elle a un peu peur de cette agitation, de ces militaires en armes partout.

Bertrand la rassure. « Tout se passera bien. »

Elle sait que ce qui va arriver est d'une importance considérable. Un événement historique mais aussi un moment d'une intensité extrême, un drame pour des dizaines de milliers de gens, des souffrances, des morts... Elle sait comment Bertrand vit ces instants-là, que c'est une partie de sa vie, elle lui est reconnaissante d'avoir voulu partager avec elle ce qu'il vivait en dehors d'elle. Bertrand menait une sorte de double vie, Elle et son métier, et elle a compris qu'il a voulu l'unir à lui encore plus profondément.

Le taxi traverse les faubourgs de Saigon, chaque bâtiment officiel est entouré de barbelés, de soldats armés. Ils passent devant le palais présidentiel d'où le général Thieu vient de s'enfuir mais où la garde présidentielle est toujours là, et où des canons antiaériens se dressent dans le parc. Du lycée Chasseloup-Laubat, le lycée français de Saigon, sortent les élèves. Une nuée de jeunes filles envahit le boulevard, elles portent toutes la tunique blanche et le pantalon noir, ce vêtement vietnamien si particulier, fermé jusqu'au cou et jusqu'aux poignets mais dont les longs pans fendus jusqu'à la hanche flottent et frémissent, donnant l'impression que les jeunes filles ne marchent pas mais qu'elles avancent, poussées par le vent. « Qu'elles sont belles », dit-elle. « C'est vrai », répond Bertrand.

La cathédrale, puis l'hôtel Continental, le vieil hôtel colonial à la véranda ouverte sur la rue qui est le quartier général des journalistes et des diplomates. Une institution, un souvenir, une époque sur le point de s'achever.

« Tu me feras connaître une fumerie ? demande-t-elle.

– Bien sûr, si les communistes n'arrivent pas trop vite, c'est la première chose qu'ils feront, fermer les fumeries et les boîtes de nuit... ils l'ont déjà annoncé, plus de drogue, plus de prostituées, plus de corruption, l'ordre moral va très vite remplacer la débauche.

– Allons-y tout de suite, alors.

– Nous ne sommes pas à une heure près, installons-nous d'abord. »

Le soir même, après avoir traversé Saigon et ses rues encombrées de vélomoteurs où les passants s'agitaient en une effervescence inhabituelle, ils ont atteint Cholon. La ville chinoise encore plus animée ; le taxi, une vieille 4CV datant des années 50, les a laissés à un carrefour et Bertrand l'entraîne dans un lacis de ruelles qui sentent les épices et l'encens. On les regarde passer avec surprise, on les prend pour des Américains et l'on s'étonne qu'ils ne soient pas comme les autres en train de se regrouper pour quitter la ville. Bertrand porte sur sa chemise une petite carte de plastique où sont inscrits les mots « Baochi Phap ». Cela veut dire journaliste français et cela rassure ceux qui la voient. Jamais autant que ces derniers jours Saigon n'avait fleuri de drapeaux tricolores. Chaque famille qui a un parent possédant la nationalité française, chaque immeuble où réside un coopérant français, tous ceux qui ont une raison quelconque, quelquefois éloignée, de mettre en avant la France le font.

On croit que c'est une protection, que cela évitera les exactions, on sait que la France est neutre et plutôt en bons termes avec Hanoi, ou en tout cas qu'elle se distingue des Américains. Même les Belges et les Canadiens portent la carte « Bao-chi Phap ».

Bertrand la prend par la main et l'entraîne au plus profond de ce pâté de maisons. Les téléviseurs sont partout allumés, des airs d'opéra chinois tonitruants couvrent les cris des enfants. Ils s'arrêtent à la porte d'une maison aux volets clos, Bertrand frappe. Une petite fille lui ouvre, elle le connaît, il vient tous les soirs. Elle lui indique un escalier de bois aux marches branlantes qu'ils gravissent. Un rideau s'écarte, une tête apparaît. Un homme d'une cinquantaine d'années lui sourit de toutes ses dents. Bertrand est un bon client ; ils entrent, s'allongent près du plateau déjà sorti.

Un ami de Bertrand, journaliste lui aussi, est là, il la regarde intrigué. « Ma femme », lui dit Bertrand. « Très heureux de vous rencontrer. » Il se redresse à demi et lui tend la main, ses pupilles sont rétrécies, des points noirs minuscules dans de grands yeux clairs, il fume beaucoup, trop, « cela m'aide à avoir des idées », prétend-il.

Ses articles, en tout cas, sont remarquables. Personne mieux que lui ne décrit l'atmosphère de la ville, l'agitation, l'anxiété, la panique de certains, les trafics de dollars, car au marché noir le dollar a atteint un cours qui grimpe d'heure en heure, on ne peut pas dire qu'il connaisse bien Saigon mais il la sent, il la perçoit avec sensibilité et instinct. Et pourtant il passe une grande partie de son temps à fumer, ici ou ailleurs, il s'est fait des amis dans tous les milieux, dans toutes les classes de la société, il est intime avec les gardes du corps du président Thieu qui vient de s'enfuir et qui l'ont prévenu avant tout le monde.

Il se pousse, offre sa place avec galanterie, se rallonge, et le boy-pipe entame son travail, il pétrit et malaxe une boulette d'opium. « Pas trop cuit, dit-il, juste ce qu'il faut pour une première fois » car selon son degré de cuisson l'opium est plus ou moins fort.

Elle regarde autour d'elle – sur les murs des photos d'actrices chinoises sont épinglées – dans un coin un autel, une sorte de petite maison peinte en rouge décorée d'idéogrammes, des photos d'ancêtres, des baguettes d'encens, des coupelles emplies de gâteaux ou de pétales de fleurs. L'odeur douce-amère de la drogue emplit la pièce. Elle saisit la pipe, approche ses lèvres de l'embout d'ivoire, le boy-pipe l'aide à maintenir le fourneau à bonne distance de la flamme et elle aspire en un long grésillement continu...

Cela fait presque un an que Bertrand est à l'hôpital. Les médecins sont découragés, sa dépression ne fait que s'aggraver. Il ne mange plus. Il a perdu dix kilos, on lui donne une quantité de médicaments qui l'abrutissent complètement. Une jeune et jolie stagiaire a tenté de parler avec lui. Il a répondu : « A quoi bon ? Vous avez besoin de prendre des notes pour rédiger votre mémoire, je n'ai pas envie de répéter ce que j'ai dit dix fois. Je n'ai pas envie de parler de mes problèmes. Je ne suis pas un cobaye. » Elle lui a souri d'un air compréhensif mais triste. « Vous êtes le patient le plus difficile du service, vous ne parlez à personne, je suis sûre que cela vous soulagera de vous confier à quelqu'un.

– Peut-être, répond Bertrand, mais à quoi bon ?

– Ne soyez pas aussi découragé.

– Je ne suis que lucide, je me sens seul, vieux, abandonné, sans perspective, je sais exactement où j'en suis, les chances que j'ai gâchées, le mal que j'ai fait, l'impuissance à laquelle je suis réduit, je sais même ce qui m'a conduit ici, mais cela ne regarde que moi.

– Participez au moins à quelques activités ! »

Bertrand sourit et secoue la tête. « Soyez gentille, laissez-moi. » Elle le regarde avec tristesse et sympathie puis s'éloigne vers un autre patient qui ne refuse pas de parler, au contraire. Il lui explique qu'il est là par la volonté de Dieu, une pénitence qu'il accepte avec soumission.

Une jeune femme, tunisienne, très loquace, ne tenant pas en place, se joint à eux. Elle est toxicomane, elle aussi, et après une période de trois jours pendant lesquels elle se roulait par terre de souffrance on lui a donné des médicaments qui ont calmé sa douleur, maintenant elle est bavarde, optimiste, gaie.

« Qu'est-ce que je vais me prendre dès que je pourrai sortir, répète-t-elle à qui veut l'entendre. Je vais me défoncer à mort. Après un sevrage, cela fait dix fois plus d'effet, quel pied ! » Elle est presque contente d'être là, enfermée, en pensant au plaisir qu'elle va connaître... Arrêter ? Elle est séropositive et elle sait qu'elle va mourir dans un ou deux ans, alors les discours des médecins et des psychologues...

Elle est ici parce qu'elle volait dans un grand magasin pour échanger des radiocassettes contre un gramme d'héroïne. Elle a été arrêtée et les policiers s'en sont débarrassés au plus vite en l'amenant à l'hôpital. Platz a essayé d'avoir un entretien avec elle mais cela n'a duré que trois minutes. « Il n'y a aucune possibilité d'établir une relation thérapeutique avec vous », lui a-t-il dit. Elle ne sait pas ce que ces mots veulent dire et elle s'en fiche complètement. Elle compte les jours et attend qu'on la remette dans la rue...

La stagiaire ne sait pas quoi lui demander, elle n'écoute même pas les questions et répond en parlant d'autre chose : « Chouettes vos chaussures, où les avez-vous achetées ? J'adore votre coiffure, vous êtes très belle, quelle taille faites-vous ? Vous auriez pu être mannequin, cela ne vous tente pas les photos ? Moi j'aurais aimé être star, être connue, voyager, les palaces, les journalistes... »

La stagiaire est dépassée. Elle tente d'écrire des notes sur son carnet. Le patient mystique revient à la charge. « Le monde est au bord du chaos, je dois être un exemple et montrer la voie par le jeûne et l'enfermement. Je suis heureux d'être ici, c'est une période de recueillement pour moi. »

La stagiaire écrit, tourne les pages de son carnet, intéressée par ces cas qui au moins s'expriment. Le Dr Platz sort de son bureau : « Il est six heures, vous pouvez partir », lui dit-il. Elle n'ose refuser, range ses affaires, enfile son manteau, s'éloigne après un dernier sourire triste à Bertrand. « A demain ! »

C'est vrai qu'elle est très belle, elle détonne dans cet environnement terne. Bertrand espère qu'elle a un petit ami et qu'ils vont sortir ce soir, rire, plaisanter, il sait qu'elle lui racontera sa journée et qu'elle lui parlera de la toxicomane séropositive, du jeune pénitent, de Bertrand le patient le plus déprimé du service, ensuite ils feront l'amour, ils seront heureux, gais et pleins de projets...

Bertrand soupire de lassitude, une toute petite lueur

positive s'allume dans son esprit, demain il va pouvoir bavarder une demi-heure avec la psychologue qui ne fait pas partie totalement de l'équipe médicale, qui n'a pas son mot à dire lorsque les médecins se réunissent pour parler des patients mais qui au moins fait des efforts pour qu'il ne perde pas tout espoir.

Cela ne dure qu'une demi-heure mais cela suffit, parfois, à chasser les idées noires de Bertrand, elle lui répète qu'il faut se battre, qu'il peut encore faire quelque chose, elle semble s'intéresser sincèrement à ses problèmes. Elle respecte son silence. Elle seule ne le considère pas comme un homme diminué et définitivement vaincu. Et puis, c'est important, elle le reçoit en tête à tête et Bertrand ose aborder des questions qu'il n'a aucune envie d'exposer aux psychiatres dont les entretiens se déroulent en présence de trois ou quatre autres personnes, infirmières et stagiaires. Bertrand a l'impression d'être un sujet d'étude, pas un individu particulier. Il n'a pas envie d'exprimer en public les difficultés qu'il a connues, le mal qu'il a fait, il n'a pas envie en présence de toute une équipe de parler de sa femme. Cela ne regarde personne, il sait qu'il ne formulera jamais les mots qui pourraient mettre en cause la femme qu'il a tant aimée et qui est morte. Il porte un secret et un sentiment de culpabilité qui ont joué un rôle essentiel dans sa déchéance. Il sait ce qui s'est passé. Il croit le savoir, en tout cas, il sait quand sa vie a basculé, il sait quand et pourquoi il s'est enfoncé, enlisé, détruit, qu'il a abandonné toute énergie et tout espoir. Il prenait de la drogue depuis longtemps mais il avait réussi à garder la maîtrise de ses pensées et de ses actes. Il connaissait des problèmes, il dépensait de l'argent, beaucoup, mais il « fonctionnait » encore, il était en vie, actif et lucide, croit-il, et puis tout a changé et son comportement s'est inversé, de plus en plus vite, de plus en plus gravement jusqu'à ce qu'il perde toute conscience de lui-même et de son entourage et que, comme un navire éperonné par un récif, il sombre, ne recherchant plus qu'un moyen pour brouiller ses idées, oublier, dormir. Il n'a pas eu le courage de se suicider véritablement, mais ce qu'il a fait n'était que suivre la pulsion de mort qui l'habitait. Lorsqu'il s'est rendu compte que pour ses filles il était devenu un poids, un sujet d'inquiétude et d'angoisse, qu'elles avaient peur pour lui, qu'elles avaient honte de lui, les choses sont allées de plus en plus vite. Qu'y a-t-il de pire pour un père que de sentir cela ?

Ce qui le maintient en vie aujourd'hui c'est la minuscule lueur d'espoir que la psychologue, avec beaucoup de mal et de patience, entretient en lui. Il lui arrive de penser qu'un jour il pourra présenter un autre visage et que ses filles seront heureuses de le voir se rétablir. Elles n'auront plus envie de le cacher plus ou moins consciemment malgré les sentiments qu'elles éprouvent pour lui. Il ne sentira plus l'inquiétude qu'il perçoit dans leurs voix lorsqu'elles lui téléphonent. Ses entretiens avec les psychiatres sont superficiels. Ils lui reprochent de ne pas vouloir s'ouvrir à eux, ils lui expliquent inlassablement qu'il faut formuler, verbaliser, analyser mais cela il l'a fait depuis longtemps, et il n'a aucune envie de le dire à des gens qui le considèrent comme un cas parmi d'autres, qui lui font sentir qu'il est diminué, handicapé, que son avenir ne peut s'envisager que dans le cadre d'institutions médicales, d'assistance sociale, qui réduisent ses perspectives, le bourrent de tranquillisants, ne croient pas qu'il puisse aller mieux, que l'alcool et la drogue l'ont marqué, diminué et qui ne lui proposent que des activités enfantines pour occuper ses journées.

Bertrand le sait bien, lorsqu'il est arrivé ici il n'était pas capable de réfléchir, il était incohérent, il présentait l'aspect d'un être dégradé physiquement et intellectuellement, mais il pense que, semaine après semaine, mois après mois, rechute après rechute, il a de nouveau, peu à peu, retrouvé sa capacité de réflexion, il n'est pas détruit tout à fait.

Les médecins ont eu l'air étonné quand il leur a dit qu'il rêvait beaucoup. C'est le signe d'une activité psychique et ils ne l'en croyaient plus capable. Le Dr Platz s'est étonné en voyant sur sa table de nuit la biographie d'un philosophe du XVIIIe siècle et il a eu un air dubitatif lorsque Bertrand lui a dit qu'il lisait beaucoup ; pendant longtemps Bertrand n'a fait qu'occuper son esprit avec des romans policiers dont la lecture ne demande pas de grands efforts et lorsqu'il a changé de registre, les médecins ont pensé que c'était pour les tromper, pour leur faire croire qu'il allait mieux ou, peut-être, qu'il agissait par vanité, pour tenter de donner aux autres l'image d'un « intellectuel » s'intéressant à autre chose qu'aux feuilletons télévisés ou aux aventures d'un détective new-yorkais.

Il commençait un tout petit peu à sortir de son rôle

de malade, de toxicomane abruti par la drogue et l'alcool, d'assisté en puissance, il échappait à leur pouvoir, à leur contrôle.

Ils ont tellement l'habitude de décider de ce qui est nécessaire pour les uns et les autres, d'exercer leur autorité, d'accorder une permission, de refuser une sortie, d'imposer leur diagnostic. Ils peuvent interdire ce qu'ils jugent inopportun ou dangereux, ils ne font pas confiance aux malades, surtout aux toxicomanes qui sont, à leurs yeux, suspects de vouloir recommencer à prendre de la drogue, et Bertrand l'a fait à plusieurs reprises, alors ils n'arrivent pas à croire que cela peut changer. Ils tranchent, jugent, décident. C'est souvent nécessaire, parfois indispensable. Il est vrai qu'ils reçoivent des patients avec lesquels il faut être strict, sévère, intraitable, des gens qui ont des hallucinations, entendent des voix, se prennent pour le Christ, délirent. Ils en reçoivent d'autres qui sont tellement dégradés qu'ils ne se souviennent même plus de leur nom. Des dépressifs qui ont tenté de se suicider d'innombrables fois et qu'il faut maintenir en vie, malgré eux, des maniaques, d'autres comme Nathalie qui sont définitivement hors de la société, incapables de faire un pas dans la rue, que l'extérieur effraie, pour qui l'hôpital est le seul foyer, le refuge ultime, mais il n'y a pas que cela. L'amie de Bertrand, le Dr Reyer, en est un exemple, elle a craqué, essayé de se tuer, on a dû l'hospitaliser contre son gré mais elle a, en elle, des ressources, sa vie n'est pas finie, elle surmontera sa période noire, elle rechutera peut-être, mais son avenir n'est pas limité à des activités manuelles. Elle peut espérer autre chose que des journées entières, des semaines entières assise dans un fauteuil, dans un couloir, fumant des cigarettes, feuilletant un exemplaire de *La Vie catholique illustrée* vieux de deux ans... Peut-être parce qu'elle est du métier, elle est d'ailleurs mieux traitée, ses séjours sont brefs, elle connaît les trucs et les tics de ses confrères, on ne peut pas la tromper, on peut la gaver de Tranxène pour qu'elle ne pense pas trop mais, assez vite, elle surmonte sa dépression, elle sait ce qu'il faut répondre, de quoi il faut avoir l'air, elle connaît les cartes, elle sait l'effet et le nom des médicaments, on ne peut pas la garder longtemps sous contrôle, on ne peut pas l'infantiliser. Bertrand, lui, pose un autre problème, sa dépression semble interminable, presque définitive lorsque, par moments, il réagit différemment, retrouve un peu d'énergie, remet son esprit en route, sort de son rôle de malade sans réaction, déclare qu'il espère s'en sortir, emploie un langage nouveau, exprime un peu de volonté, accepte de se considérer comme quelqu'un qui a besoin d'être aidé, mais il veut comprendre, il ne veut pas uniquement subir, il affirme que l'ennui aggrave son désarroi et son angoisse, que l'hôpital lui a été nécessaire, mais qu'il y a une fin à tout ; on a dû l'aider malgré lui, mais il peut entrevoir une issue. Ce n'est manifestement pas le diagnostic qui a été fait. Et il lui arrive de sentir une certaine hostilité de la part des médecins. Il le dit, s'en étonne, on lui réplique qu'il devient paranoïaque et on augmente ses doses de tranquillisants.

Cela fait un an qu'il est à l'hôpital. Cela fait très exactement dix ans qu'Elle est morte.

Bertrand, un jour, il y a des années, est allé à Amsterdam. Il a décidé de se désintoxiquer. Il sait qu'il ne peut le faire du jour au lendemain. C'est inévitablement voué à l'échec.

Dix fois il a arrêté, une semaine, un mois, prenant des médicaments pour soulager sa douleur, abattu, si fatigué qu'il pouvait à peine sortir de chez lui. Si déprimé qu'il avait recours à l'alcool et aux somnifères.

Il a vu autour de lui des gens tenter de s'en sortir, essayer de changer de vie, tous ont rechuté très vite. Le seul moyen, c'est d'avoir recours aux médicaments de « substitution ». En Hollande, en Suisse, presque partout en Europe on peut se procurer des comprimés de méthadone. On en prend, on diminue progressivement les doses et, en quelques semaines, le corps est déshabitué. Reste, bien sûr, l'angoisse, le problème de fond, mais, au moins, on n'est plus dépendant de la drogue.

Mais en France c'est interdit. Si on se fait prendre à la frontière ou dans le train venant de Hollande avec de la méthadone sur soi, on est considéré comme un trafiquant et traité de la même manière. Bertrand prend le risque. Il s'est procuré l'adresse et le numéro de téléphone d'un Hollandais qui en vend. Il a pris rendez-vous. Mais depuis son interpellation il est prudent, alors il tente d'éviter les erreurs, pense à ce qu'il doit faire pour ne pas attirer l'attention des douaniers et des policiers. Il prend peut-être trop de précautions, peut-être voit-il du danger partout, mais il essaie d'agir avec réflexion, en se mettant à la place du policier, en imaginant quels sont les détails qui transforment un voyageur paisible en passeur de drogue.

Un matin, il se rend à la gare du Nord et achète, en payant en liquide, un billet aller simple pour Amsterdam, pas de chèque, pas de nom. Il ne prend pas un billet aller et retour car il compte faire le trajet dans la même journée, et si l'on contrôle son titre de transport on s'étonnera immanquablement. On ne reste pas trois heures à Amsterdam pour faire du tourisme.

Le voyage est long, ennuyeux, le train s'arrête cinq ou six fois. A quatorze heures, il entre en gare d'Amsterdam. Bertrand descend, se mêle aux voyageurs, change ses francs contre des florins, prend un taxi et se fait déposer à l'adresse indiquée.

On lui ouvre, on l'attend. L'homme, d'une trentaine d'années, est toxicomane et se procure de la méthadone à l'hôpital où il paie un infirmier. Sur la table de l'unique pièce Bertrand remarque un paquet de « brown sugar » ouvert. Il en achète un peu car il ressent déjà les malaises du manque, il n'a pas voulu en prendre sur lui pour passer une frontière, même à l'aller. Puis il demande la méthadone ; cela représente le prix d'un gramme d'héroïne pour cent comprimés. De quoi tenir plusieurs semaines, de quoi effectuer une désintoxication progressive, en douceur.

La méthadone est conditionnée par plaquettes de dix comprimés scellés par un papier métallique. Bertrand extrait les comprimés car le métal pourrait déclencher le système de sécurité de la gare. Il emplit un tube de plastique d'un médicament anodin avec la méthadone et repart pour la gare. Cela a duré vingt minutes. Le prochain train pour Paris ne part qu'à dix-sept heures, il attend dans le restaurant de la gare puis, l'heure venue, monte dans le compartiment. Le train traverse la monotone campagne hollandaise, s'arrête à Bruxelles. Là, d'autres wagons sont accrochés à la rame venue d'Amsterdam, dont un wagon-restaurant. Bertrand imagine que ce sont les wagons d'Amsterdam qui seront contrôlés avec le plus de soin. Il s'installe au restaurant. Il n'a aucune envie de dîner, mais il pense que douaniers et policiers ne contrôleront pas les consommateurs qui devraient se lever, rejoindre leur compartiment, présenter leurs bagages. Cela prendrait du temps, dérangerait le service ; les policiers sont pressés, la première station française n'est pas loin, et en effet, ils passent rapidement dans les wagons de Bruxelles, traversent sans s'arrêter la voiture-restaurant, mais dans la rame venue d'Amsterdam ils sont beaucoup plus consciencieux. Ils vérifient les passeports, demandent les titres de transport, fouillent bagages et vide-poches. Une jeune fille est interpellée. Elle a vingt ans à peine, et sous son siège, parmi des papiers froissés, on a trouvé un paquet d'une vingtaine de grammes d'héroïne.

Elle commence par protester, par nier, les policiers la secouent un peu, un douanier joue le rôle du gentil, il rassure la jeune fille, lui dit que cela ne sera rien, un procès-verbal, l'affaire d'une heure ou deux... elle admet que le paquet lui appartient et se retrouve les menottes aux poignets.

Le train arrive à la nuit en gare du Nord. Il y a encore un risque. D'autres policiers attendent au bout du quai avec des chiens. Quelques instants avant l'arrivée, Bertrand s'est enfermé dans les toilettes. Il s'est rasé de frais, il a changé une chemise froissée par le voyage. Il est propre, net, anonyme, un sac de voyage à la main, et passe sans qu'on lui jette un regard. Des jeunes en blouson se font fouiller, des Noirs sont conduits à l'écart pour un contrôle plus approfondi.

Voilà, Bertrand possède cent comprimés de méthadone. Dès demain il cessera d'acheter de la drogue, il est soulagé. Il se demande simplement pourquoi il n'est pas possible d'être soigné en France. Pourquoi il a dû se comporter comme un délinquant alors qu'il voulait guérir.

Bertrand va mieux. Cela fait six mois qu'il n'a plus touché à la drogue. Il lui arrive d'être un peu fatigué, un peu las, un peu déprimé, il ne dort pas très bien mais il reprend figure humaine. Il est propre, bien habillé, il commence à mettre de l'ordre dans ses affaires, à régler des factures qui traînaient depuis longtemps. Il a repris contact avec son milieu professionnel. On lui a proposé de réaliser une émission, cela lui redonne un peu confiance en lui. Ses filles sont de meilleure humeur, moins anxieuses, elles font des projets. Ils vont au cinéma, au restaurant. Elles le poussent à s'acheter de nouveaux vêtements : « Tu as besoin d'une veste, d'un pantalon... » Bertrand rit, hausse les épaules. « Je n'ai personne à séduire. – Nous », répondent-elles. L'appartement est mieux rangé. Elles recommencent à y faire venir des amies et surtout elles lui demandent de les aider dans leurs études, de réviser un contrôle d'histoire, un devoir de français... Bertrand a toujours des problèmes d'argent, mais il recommence à travailler, propose des sujets d'articles, un scénario pour la télévision.

Un matin, le téléphone sonne, c'est « la Marquise », une de ses anciennes dealeuses, « Le Père Noël est passé, lui annonce-t-elle. C'est vraiment exceptionnel comme qualité, ça t'intéresse ? »

Elle vient de passer un mois à Fleury-Mérogis, pour trafic, elle n'est sortie que depuis quinze jours et elle recommence son petit commerce, ses « petites affaires », comme dit sa vieille mère au téléphone. Elle fait le tour de sa clientèle.

Bertrand hésite puis répond : « Je n'y touche plus, et puis je suis presque fauché. »

La Marquise insiste. « Rien qu'une fois, pour te faire une petite fête et ne t'inquiète pas pour l'argent, tu me paieras plus tard quand tu pourras.

– Non, n'insiste pas, reprend Bertrand, mais sa voix est moins assurée.

– Tu manques vraiment quelque chose, il y a longtemps que je n'en avais pas eu d'aussi bonne, cela vient d'arriver de Thaïlande. Ecoute, je ne suis pas loin de chez toi, si tu veux, je passe et je te fais une ligne, cela ne peut pas te faire de mal... »

Bertrand garde le silence pendant une minute, mais il sait déjà qu'il va accepter. Il sent déjà le goût amer de la poudre, la détente de ses muscles, le bien-être dans son esprit, l'énergie retrouvée, l'optimisme... une ligne pas plus et il n'y pensera plus. Il ne veut pas retomber dans d'interminables galères, dans des dépenses quotidiennes. Il se croit assez fort pour tenir le coup et en même temps il sait qu'il risque de replonger. Après six mois de sagesse, il pense qu'il a droit à quelques heures de plaisir.

« D'accord », dit-il.

La marquise rit. « J'avais justement un rendez-vous avec Gerry. Je suis au Flore, j'en ai pour cinq minutes. »

Trois minutes plus tard elle sonne, l'embrasse sur les deux joues alors qu'il sait qu'elle le déteste. « Tu as une mine splendide. » Elle s'exclame sur l'ordre et la propreté de l'appartement. « C'est Versailles.

– Mes filles vont rentrer d'une minute à l'autre, répond Bertrand qui ne veut pas qu'elle s'installe.

– Je m'en vais. Tiens... » Elle sort un petit paquet de sa poche, l'ouvre, aligne avec une lime à ongles un rail de poudre blanche à même la table, lui tend une paille. Bertrand se penche, aspire, retrouve le goût, la sensation, le plaisir et en même temps l'angoisse et la peur, la honte et le remords. L'effet est rapide.

La marquise se lève : « Je file, tu as toujours mon téléphone ? Tu peux m'appeler à partir de dix heures, quand tu veux... A un de ces jours. J'ai été contente de te revoir. Tiens !... Cadeau... » et elle lui laisse le paquet contenant un demi-gramme d'héroïne.

Bertrand s'assied sur le divan, allume une cigarette, sent son esprit s'engourdir, la cigarette tombe et brûle le tapis. Il se reprend, va se passer de l'eau sur le visage, les pensées se bousculent dans sa tête. Il s'en veut et il se répète, presque à haute voix : « Je ne lui téléphonerai pas. Je ne la reverrai plus. »

Il se ment, il le sait... Il s'essuie le nez, vérifie qu'aucune trace de poudre blanche ne puisse le trahir puis il sort faire un tour, il ne veut pas être là lorsque ses filles rentreront. Il ne veut pas affronter leur regard. Il prévoit d'avance leur suspicion, leurs remarques. « Tu as l'air bizarre, tu vas bien ? »

Il entend d'avance leur conciliabule à voix basse dans leur chambre, leur inquiétude ; sous un prétexte ou un autre, elles s'approcheront de lui, le scrutant des yeux, épiant le moindre signe, une démarche un peu moins assurée, les paupières qui, par instants, se ferment et en même temps sa nervosité. Il préfère attendre que les symptômes, pourtant imperceptibles, s'atténuent. Il a mis le paquet dans sa poche, il n'a pas le courage de s'en défaire, de le jeter. « J'attendrai la nuit, se dit-il, pour le finir et demain on n'en parle plus. »

Il descend vers les quais et au coin de la rue des Beaux-Arts il rencontre Gerry, son ami avec qui la Marquise avait rendez-vous.

Gerry n'a aucune hésitation : « Tu l'as vue toi aussi ?

– Oui, mais pour moi c'est terminé, c'est juste aujourd'hui.

– Ben, voyons, répond Gerry. A toi aussi elle a fait le coup du cadeau ? » Bertrand acquiesce. « La garce, elle sait s'y prendre, je te parie que dans une semaine elle aura rebranché tous ses anciens clients... Je te parie aussi que dans six mois son fournisseur se retrouvera au trou. »

Ils arrivent à la Seine, flânent en passant devant les bouquinistes. « Je vais à New York la semaine prochaine, explique Gerry, il ne te reste pas de méthadone ?

– Non, malheureusement.

– Tant pis, j'irai à Amsterdam dimanche. Tu as toujours l'adresse ?

– Bien sûr.

– Donne-la-moi, je ne sais plus où je l'ai fourrée. »

Bertrand sort son carnet d'adresses... « Bon, lui dit Gerry, on se voit demain chez la Marquise ? Elle ouvre à dix heures.

– Peut-être, répond Bertrand.

– A demain », dit Gerry.

Le procès a lieu à Lyon. C'est de là qu'est partie l'instruction et que les dossiers ont été regroupés. La longue enquête a permis de démanteler un réseau international, des arrestations ont eu lieu dans toute la France, au Canada, en Hollande. Une quinzaine de trafiquants sont inculpés, dont un vieil homme qui porte la rosette de la Légion d'honneur. Il faisait partie de la fameuse « French connexion » et il a longtemps vécu au Laos, travaillant pour les services de renseignements. Il connaît les colonels corrompus, les grossistes chinois... Il y a un homme en costume impeccable, les cheveux gris, l'air d'un militaire à la retraite. On a retrouvé chez lui cinq kilos de manicol. Le manicol est un médicament inoffensif dont on se sert pour couper l'héroïne trop pure, cinq kilos, cela veut dire qu'il prévoyait de l'utiliser pour la même quantité de drogue. Il y a le « cerveau », celui qui a commencé par importer du haschich, puis qui est passé à l'héroïne et à la cocaïne. Ses assistants sont là, dont la jeune femme que Bertrand connaît et qui, pendant des mois, l'a approvisionné. Il lui doit encore de l'argent...

Il y a aussi les consommateurs, une dizaine. La célèbre femme de lettres s'est fait excuser pour raisons de santé, certificat médical à l'appui. Elle est intime avec des hommes politiques au pouvoir et on a vu sa photo dans un quotidien, la veille, à la sortie d'une réception officielle, mais le certificat médical est signé par un professeur de médecine qui affirme que son état ne lui permet pas de se déplacer.

Le diplomate, lui aussi, s'est fait excuser, demandant l'indulgence du tribunal, reconnaissant les faits, expliquant que sa mission l'empêche de rentrer en France.

Ne restent qu'un professeur d'université, la petite-fille d'un peintre mondialement connu, un ami de Bertrand qui a fait l'erreur d'avouer avoir dépensé plus de deux millions de francs en drogue, convertis en grammes cela fait beaucoup... Gerry, quelques autres lampistes... et Bertrand. Le juge d'instruction a voulu réunir « un plateau » de célébrités et de gens honorables.

La presse locale parle beaucoup du procès, se déchaînant contre ces délinquants bourgeois qui se croyaient au-dessus des lois. Les trafiquants, eux, ont choisi comme système de défense d'accabler leurs clients. « Nous n'avons fait que satisfaire leur demande, leurs vices, s'ils n'avaient pas consommé de drogue, nous ne leur en aurions pas vendu. »

Le président du tribunal en a vu d'autres. Il leur rappelle les sommes saisies, les contacts avec l'étranger, les écoutes téléphoniques où on les entend dire : « Combien as-tu pu leur prendre aujourd'hui à ces cons ? »

Le public est nombreux, intéressé, attentif, les journalistes prennent des notes, des correspondants parisiens ont fait le voyage. Pour une fois ce ne sont pas de petits toxicomanes de banlieue ou des voyous, mais des gens d'un milieu social que l'on dit privilégié qui sont au banc des accusés.

Trafiquants et consommateurs sont assis côte à côte. Ils s'ignorent, n'échangent pas un regard. Lorsque, par hasard, leurs yeux se croisent, les trafiquants prennent un air moqueur, ironique... « Vous voilà dans le même sac que nous, semblent-ils dire, vous ne faites plus les fiers ! »

Bertrand n'a pas le sentiment d'avoir jamais manifesté fierté ou arrogance, peut-être un peu plus d'insouciance, d'inconscience, mais il a toujours éprouvé malaise et angoisse. Il n'en veut à personne contrairement aux trafiquants qui les chargent. Il sait qu'il est responsable de sa situation, et si on l'a tenté, c'est lui et lui seul qui a cédé.

Le procès est long, une semaine, tant le réseau est complexe et étendu, une dame âgée, retraitée, les cheveux permanentés, le tailleur strict, avoue avoir transporté une valise pleine d'héroïne de Bangkok à Paris. « Mais je ne savais pas ce que c'était », prétend-elle. Les autres, récidivistes, casiers judiciaires chargés, n'ont pas grand-chose à dire. Ils ne peuvent jouer aux innocents, ils continuent à accabler leurs clients. « Tout est de leur faute... Ils en demandaient, en redemandaient, toujours plus, nous n'avons fait que céder à leurs exigences, accepter leurs propositions... »

Le président du tribunal leur conseille à nouveau d'abandonner leur rôle de victimes. Après l'interrogatoire des trafiquants vient celui des consommateurs. « Comment en êtes-vous arrivé là ? » demande le juge à Bertrand qui ne sait quoi répondre, ou plutôt qui ne veut pas répondre. Cela ne regarde que lui, c'est trop personnel, ce n'est pas l'affaire des juges ni des journalistes qui prennent des notes. Il admet, il assume, il a commis des actes contraires à la loi en toute connaissance de cause. Il n'a fait de mal qu'à lui-même. Son ami Gerry qui, pour se donner du courage, a pris une bonne dose d'héroïne avant d'entrer dans la salle du tribunal, se lance dans une explication un peu confuse, psychologique, sociale, presque métaphysique des raisons de sa toxicomanie. Les assesseurs ont du mal à suivre, le président l'interrompt au bout de dix minutes... L'autre ami qui s'est ruiné en moins d'un an ne peut qu'exprimer son accablement, un accablement sincère. Il est lui-même effaré de ce qu'il a dépensé, il vient seulement d'en prendre conscience. Heureusement lui aussi a pris un peu de drogue avant de venir, sinon il pleurerait sur lui-même.

Les avocats plaident mais on a l'impression qu'ils parlent pour ne rien dire, inventant des excuses, des justifications, alors que l'opinion des juges est faite et les sentences déjà décidées.

Quelques jours plus tard, après délibéré, elles sont prononcées. Très sévères pour les trafiquants : dix, quinze ans de prison, amendes douanières très élevées. Pour les consommateurs, quelles que soient leurs différences, les quantités achetées, les explications des uns et des autres, c'est le même tarif pour tous, le minimum prévu par la loi : six mois avec sursis – pour la femme de lettres très connue dont on a retrouvé un chèque de cinquante mille francs à l'ordre de son fournisseur, pour la petite-fille du peintre célèbre qui n'a acheté qu'une fois, un gramme, par hasard, pour les autres, pour Bertrand... « sans inscription au casier judiciaire », précise le président du tribunal, pour qu'ils restent anonymes, alors que la salle est emplie de journalistes et que des articles mentionnent leurs noms.

Pour Bertrand, la sanction sociale a déjà eu lieu. Ses employeurs responsables de magazines télévisés, chefs de service de journaux, ne lui répondent plus au téléphone. Le milieu professionnel s'est fermé pour lui, il faut qu'il se fasse oublier, qu'il trouve un autre métier, qu'il se débrouille comme il peut. Mais il a le sentiment de ne plus rien pouvoir depuis longtemps. C'est l'an dernier que sa femme est morte !

Ils rentrent par le même T.G.V., Bertrand, l'ami ruiné et Gerry. Un peu soulagés, un peu inquiets, plaisantant quand même. Mais ils savent que désormais leurs noms sont connus de tous, voisins, familles, collègues, qu'ils seront jugés, tenus à l'écart. Déjà pour Bertrand cela a commencé à sa banque ; alors qu'il était à découvert, on lui a refusé un chèque de 170 francs. Le directeur de l'agence sait parfaitement que, dans une semaine au plus, son compte sera réapprovisionné, mais il l'a signalé à la

Banque de France, et désormais Bertrand n'a plus le droit de posséder ni chéquier ni carte de crédit, il doit tout payer en liquide, factures d'électricité ou de téléphone, en se rendant à chaque fois dans les agences correspondantes. On le regarde avec méfiance et mépris, une sanction supplémentaire qui va encore compliquer sa vie. Les commerçants qu'il connaît font des allusions ironiques, mais il est déjà tellement mal, tellement enfoncé dans une situation inextricable, tellement déprimé, tellement dépendant que cela ne fait que l'enfoncer un peu plus.

Gerry a donné rendez-vous à la Marquise à la sortie de la gare de Lyon. Depuis longtemps il n'est plus question de cadeau, de crédit, on ne s'embrasse plus sur les deux joues. Elle a retrouvé son ton hargneux, sa voix rauque et son avidité à empocher les billets.

Seul Gerry arrive à l'amadouer. Il parvient à lui prendre ce dont il a besoin, avec un sourire, une plaisanterie, une promesse de la rembourser le lendemain. Il ne le fait jamais bien entendu, mais elle le croit à chaque fois, proteste pour la forme, mais cède très vite, il est le seul à pouvoir faire cela. De temps en temps elle lui rappelle le montant de la dette, cela se chiffre à des dizaines de milliers de francs et augmente sans cesse. Il a même réussi à lui emprunter de l'argent, une somme élevée. Il est vrai que tant d'argent passe entre les mains de la Marquise qu'il ne représente plus la même valeur. Chaque soir, son sac est bourré de liasses. Elle a vite retrouvé sa clientèle, fait de nouvelles recrues et se hâte d'en tirer le plus possible avant le jour inévitable où elle sera contrainte de renseigner la police, ou de se faire arrêter une autre fois.

Bertrand a beaucoup d'amitié pour Gerry. C'est un garçon plein d'humour, ironique, lucide, cultivé, poussé à des comportements extrêmes, généreux lorsqu'il le peut, qui d'un mois à l'autre passe de la richesse à la gêne. Il lui arrive de ne pas avoir de quoi payer sa note de téléphone, de compter les pièces de dix francs qui lui restent, puis après une transaction réussie, un coup important, de posséder des milliers de dollars... de dépenser sans compter, de voyager. Il a un peu tendance à quitter les palaces où il réside sans payer sa note, à déménager sans régler son propriétaire, à emprunter à ses amis et à oublier de les rembourser, mais il parvient à ce que personne ne lui en veuille. Il est comme cela et il faut le prendre avec ses travers comme avec ses qualités. Il aurait pu réussir brillamment, gagner beaucoup d'argent, mais il ne supporte ni les cravates ni les bureaux, c'est un anarchiste qui ne fait pas de politique, il ne veut pas changer la société. Il s'arrange pour y vivre comme il l'entend sans se soumettre à ses règles, ignorant ses lois et ses contraintes sans aucun scrupule, mais sur qui on peut compter. C'est l'un des très rares amis que Bertrand s'est faits dans le petit milieu des consommateurs, et ils sont liés par une complicité tissée d'innombrables attentes de dealers, de crises de manque, de rendez-vous communs chez le même fournisseur, de trajets interminables. Contrairement à Bertrand, Gerry résiste. Il est l'un des rares à ne pas sombrer. Il est sans doute plus équilibré, plus fort, moins sujet à la dépression. Il ne porte pas le poids de la culpabilité qui accable Bertrand. Il ne se soucie pas de son image, de l'opinion qu'on a de lui : force de caractère, inconscience, égoïsme ? Bertrand l'envie parfois. Il a un seul autre véritable ami, un garçon moins équilibré qui a plusieurs fois tenté de se suicider. Bertrand le rencontre avec plaisir, le retrouve de loin en loin aux portes des mêmes fournisseurs. Ils évitent de parler de l'avenir, un mot que Bertrand a chassé de son vocabulaire.

Il vit au jour le jour, redoutant chaque nuit l'aube qui va se lever. Il lui arrive de consommer une boîte entière de somnifères, à la recherche d'un repos qui fuit, de boire de l'alcool pour en augmenter les effets. Il sombre lorsque le jour se lève dans une torpeur nauséeuse.

Les nuages de la mousson obscurcissent le ciel, la nuit semble être tombée en plein jour sur Saigon. Les derniers points de résistance ont cessé le combat. D'innombrables réfugiés encombrent les rues. La population paraît résignée et les Saigonnais conservent un calme apparent. Ils savent que rien désormais ne peut modifier leur destin, alors ils gardent la face par dignité.

Bertrand et sa femme sont allés plus tôt que d'habitude à la fumerie après avoir assisté à une scène presque surréaliste. Dans le palais présidentiel, le président du Sénat a nommé un nouveau chef d'Etat. Un général que l'on est allé tirer de sa retraite malgré ses réticences et à qui l'on a confié les rênes d'un Etat qui n'existe plus, la direction d'un gouvernement dont les ministres ont déjà fui le pays, la tête d'une armée qui a déposé les armes. Les forces nord-vietnamiennes se regroupent, à quelques kilomètres de là. Seuls les villages de la banlieue de Saigon, où sont installés depuis vingt ans des réfugiés catholiques venus du Nord-Vietnam après la défaite française, ont conservé leurs fusils et tirent sur les éclaireurs communistes. Ils savent qu'ils sont considérés comme des traîtres et que leur sort est scellé, alors ils veulent mourir en combattant.

Au palais présidentiel la cérémonie a eu lieu avec un protocole dérisoire. Les plus hautes autorités de l'Etat n'étaient représentées que par des subalternes, les rares généraux encore présents attendaient la fin de la cérémonie pour gagner les hélicoptères devant les conduire sur les porte-avions américains, leurs bagages étaient faits, leurs valises remplies de dollars achetés au marché noir. Les ambassadeurs occidentaux, partis eux aussi, avaient délégué de vagues chargés d'affaires nommés pour la circonstance. L'ambassadeur de France s'agitait et tentait de susciter des négociations, un compromis avant l'entrée des Nord-Vietnamiens alors que le gouvernement de Hanoi avait déjà explicitement fait savoir que le temps n'était plus à la diplomatie. Saigon devait les accueillir sans la moindre résistance sinon le fer et le feu s'abattraient sur la capitale. En voyant les huissiers en uniforme, les prestations de serment, les lustres étincelants, les dorures et l'apparat, les gardes d'honneur, en écoutant ces discours inutiles, ces tractations politiciennes et diplomatiques, Bertrand, une fois encore, a pensé que tout cela était totalement irréel, absurde, ce n'était qu'une comédie sinistre, et il quitta avec Elle les salons du palais pour aller une dernière fois peut-être s'allonger près du plateau, fumer, échanger quelques paroles avec des hommes qui, dans les jours à venir, se retrouveraient dans des camps de rééducation.

Le lacis des ruelles était toujours aussi animé, les téléviseurs n'étaient pas branchés sur la chaîne d'information mais diffusaient comme d'habitude des opéras chinois, ponctués de coups de cymbale. Cela sentait l'encens et la friture, les enfants jouaient entre les maisons, les Chinois de Cholon poursuivaient leurs activités coutumières, tout paraissait normal mais la vie allait basculer lorsque les commissaires politiques feraient irruption dans chaque quartier.

L'odeur douce-amère, la senteur d'humus et de fleurs en décomposition était plus forte que d'habitude. Les fumeurs avaient dû venir en plus grand nombre ces jours-ci. Mais le patron de la fumerie, imperturbable, gardait son sourire épanoui et le boy-pipe officiait avec indifférence. Cette fois-là pourtant il faisait cuire l'opium plus longtemps, pour lui donner plus d'effet. Bertrand la regardait fumer avec délectation, les yeux mi-clos, le front perlant de sueur tant il faisait chaud et humide. Chacun à leur tour ils prenaient la pipe de bambou et Bertrand sentait sur l'embout d'ivoire le goût de son rouge à lèvres. C'était comme un baiser qu'ils échangeaient à travers la fumée. Ils ne se parlaient pas, dégustant ces derniers instants, elle s'emplissait de sensations, d'images, d'émotions.

Soudain, couvrant la musique des opéras chinois et les cris des enfants, ils entendirent le rugissement d'avions qui survolaient la ville puis perçurent dans le lointain le bruit de sourdes explosions.

Des avions nord-vietnamiens, Bertrand l'apprit plus tard, avaient bombardé le palais présidentiel. Les canons antiaériens avaient répliqué. Alors, comme si la ville était devenue folle, tous ceux qui possédaient une arme, les policiers, les soldats, les civils mêmes s'étaient mis à tirer en l'air vers un ciel noir d'où les appareils avaient disparu, déchargeant leurs fusils en même temps que leur angoisse. Mitraillant les nuages, s'acharnant sur le vide, sur leur destin, sur l'inéluctable. Pendant de longues minutes, le crépitement des coups de feu venus d'un bout à l'autre de l'immense agglomération avait retenti comme un cri de désespoir. Le patron de la fumerie soudain inquiet rangea son plateau et leur demanda de partir. Ils quittèrent la maison, sortirent du lacis de ruelles, se retrouvèrent sur les trottoirs d'un large boulevard, à proximité d'un marché. Tous les habitants se hâtaient de rentrer chez eux, les étals fermaient, les grilles étaient tirées devant les magasins, les taxis ne s'arrêtaient pas, puis les nuages noirs s'obscurcirent encore et la pluie se mit à tomber. La pluie de mousson, des cataractes, des trombes d'eau... En un instant ils furent trempés jusqu'aux os, ses cheveux pendaient, encadrant son visage inondé, aveuglé, il lui prit la main et ils se dirigèrent à pied vers l'hôtel Continental. La traversée de la ville dura près d'une heure. Ils marchaient, pressant le pas, croisant des femmes affolées, des enfants qui couraient à toutes jambes, des véhicules qui faisaient jaillir des gerbes de boue. Dans les caniveaux, ils enjambaient vestes d'uniformes, grenades et fusils dont les derniers soldats s'étaient débarrassés pour rentrer chez eux. Un déluge, une fin du monde... Chaque porte, chaque fenêtre était close. La vie avait cessé, les habitants de Saigon étaient terrés chez eux, les véhicules d'ordinaire si nombreux n'étaient plus là. C'est une ville déserte qu'ils traversaient comme si une catastrophe naturelle avait fait disparaître les gens et transformé les rues en rivières, les avenues en fleuves...

Aussi soudainement qu'elle avait commencé la pluie s'arrêta mais le ciel restait noir. La nuit était tombée. Ils atteignirent l'hôtel, montèrent dans leur chambre et regardèrent Saigon. D'innombrables lumières clignotaient en l'air. Le vrombissement d'hélicoptères remplaçait le crépitement de la pluie. Sur le toit de nombreux immeubles des projecteurs étaient allumés, traçant des colonnes de lumière. Les derniers Américains et leurs derniers alliés vietnamiens s'enfuyaient par les airs. Le va-et-vient des hélicoptères s'amplifiait. Le bruit devenait assourdissant. Le ciel de Saigon ressemblait à un sapin de Noël illuminé d'ampoules bleues, rouges ou vertes en mouvement. Sur les toits éclairés on pouvait apercevoir de longues files de gens attendant leur tour. Les escaliers extérieurs des immeubles étaient pris d'assaut. Les pilotes des hélicoptères devaient parfois refouler en tirant en l'air les passagers qui s'entassaient dans les cabines, tentaient même de s'accrocher aux roues... Un spectacle qui mélangeait l'apocalypse à Disneyland. Lumières et projecteurs, couleurs et bruit. Un spectacle que l'on aurait pu croire mis en scène par un producteur d'Hollywood, avec effets spéciaux, débauche de figurants, scènes de panique. Il ne manquait même pas la musique car toutes les radios diffusaient l'air-code qui avait averti les fuyards, *White Christmas*, dont les accords se faisaient entendre malgré le rugissement des appareils... Cela dura des heures et des heures. Bertrand et sa femme regardaient fascinés cette scène incroyable d'une ville se vidant par les airs, s'élevant dans le ciel. Puis l'aube pointa, grise d'abord, rose, enfin bleue. Le bruit avait cessé, les hélicoptères avaient disparu. Saigon s'animait à nouveau presque avec hésitation. Les fenêtres s'entrouvraient, les véhicules réapparaissaient, les motos circulaient. Devant l'hôtel au pied du monument aux morts gisait le corps du chef de la police qui s'était tiré une balle dans la tête plutôt que de s'enfuir et que personne encore n'osait approcher ou même recouvrir.

Bertrand et sa femme se rendirent à l'hôpital pour avoir des informations car les médecins savaient beaucoup de choses avant les autres, les réfugiés et les blessés qui y affluaient leur disaient ce qui se passait dans la banlieue ou dans la campagne.

Ferber, sans leur donner le temps de parler, les mena dans une salle où des volontaires donnaient leur sang pour les blessés. Lorsqu'ils sortirent ils passèrent devant le palais présidentiel dont des blindés nord-vietnamiens avaient enfoncé les grilles et sur lequel flottait le drapeau des vainqueurs. Les avenues étaient parcourues par de longues files de soldats en treillis, portant le casque de latanier, fusil en bandoulière, sac au dos. Des soldats très jeunes, qui découvraient avec surprise ces immeubles élevés, ces villas cossues, ces marchés approvisionnés de fruits, de cigarettes, de vêtements, de postes de radio. La population regardait passer en silence ces « libérateurs » qui investissaient une ville qui avait retrouvé son calme et sa dignité. Déjà des Jeeps munies de haut-parleurs parcouraient les rues, appelant le peuple à manifester son enthousiasme, sans obtenir de réactions. Seuls des gamins s'approchaient de ces combattants venus de la forêt, proposant des cigarettes ou des chewing-gums.

D'autres Jeeps apparaissaient, annonçant que l'ordre devait être respecté, le moindre mouvement d'hostilité serait réprimé, les restaurants et les bars devaient fermer, les fumeries d'opium étaient interdites, la mendicité et la prostitution devaient cesser dans la ville dont le nom n'était plus Saigon mais Ho-Chi-Minh-Ville.

Avec discipline les bo-doïs, ces soldats venus du Nord, prenaient possession des bâtiments officiels, accrochaient de nouveaux drapeaux. Déjà sur les trottoirs les petits commerçants prévoyants proposaient des photos de l'oncle Ho, des drapeaux rouges frappés de l'étoile d'or. Une ville qui depuis un siècle avait été un symbole. La capitale d'un Sud-Vietnam à la fois prospère et corrompu, refusant l'endoctrinement et l'austérité, préférant la liberté et les dollars, une ville pour laquelle s'étaient battus et étaient morts des milliers de Français d'abord, d'Américains ensuite, puis de Vietnamiens, une ville ouverte sur le monde, anarchique, animée, où voisinaient temples taoïstes, pagodes bouddhistes et églises catholiques, une ville où se côtoyaient commerçants chinois, étudiants vietnamiens, coopérants français, soldats américains ; cette ville venait de cesser d'exister.

Bertrand et Elle avaient assisté à cette mort ensemble, avec émotion.

Leurs amis vietnamiens leur avaient fait leurs adieux, leur confiant des lettres pour des parents installés à Paris, leur expliquant que désormais il pouvait être dangereux de fréquenter des Occidentaux, qu'il fallait attendre, qu'ils se reverraient peut-être un jour.

Ils descendirent à la terrasse de l'hôtel Continental que le propriétaire de nationalité française mais de sang vietnamien avait quitté avec sa famille. Le journaliste qui fréquentait trop les fumeries n'avait pas l'air abattu et s'apprêtait à se rendre dans sa fumerie habituelle, à quelques rues de là. « Mais c'est interdit, lui dit Bertrand, tu n'as pas entendu... »

Le journaliste avait souri, haussé les épaules.

« Tu risques des ennuis, l'avait prévenu Bertrand.

– Mais non, leurs proclamations, c'est de la frime, c'est destiné aux correspondants de presse et aux télévisions américaines. Bien sûr, cela ne va pas durer très longtemps mais les bo-doïs sont comme les autres. Ils ont envie d'une montre japonaise, d'une radiocassette, de baskets, de tee-shirts. Il faudra se méfier lorsque arriveront les cadres supérieurs, venus de Hanoi, de vieux marxistes incorruptibles, mais ils ne sont pas encore là... Vous m'accompagnez ?

– Tu es sûr ? demande Bertrand.

– Fais-moi confiance et puis n'oublie pas "Bao-chi Phap", journaliste français. Ils ne vont pas commencer leur victoire par un petit problème diplomatique en fourrant en prison des représentants de la presse française. Ils sont trop occupés à organiser la manifestation populaire spontanée qui aura lieu dans deux jours lorsque la presse de l'Est débarquera, ce sera grandiose. J'ai appris qu'un grossiste chinois venait de faire fortune. Il avait constitué un stock énorme de tissus rouges. La ville sera bien décorée. Je ne veux pas rater le spectacle pour une crise de manque. »

Bertrand et Elle le suivirent. La fumerie plus cossue que celle de Cholon était pleine de fumeurs de tous âges. Un marchand de soupe chinoise apportait des bols de pho, ce potage saigonnais parfumé à la coriandre. Les consommateurs bavardaient comme d'habitude de leurs affaires et de leurs projets. On étalait des passeports suisses, australiens ou canadiens volés dans les ambassades désertées, vendus à des tarifs élevés. Une vieille femme proposait aux Occidentaux les photos de ses « nièces », de ravissantes jeunes filles prêtes à épouser le premier Européen célibataire venu, avec en prime, mille dollars.

Bertrand eut son geste habituel pour se rassurer. Il vérifia la présence de son propre passeport et de son billet de retour mais, cette fois, il était avec Elle et il ne ressentait plus l'angoisse qui l'étreignait si souvent, et la fumée chassa son vague sentiment de culpabilité. Sans Elle il aurait sans doute été tenté par une « nièce » dont il se serait séparé à Paris, la rendant à des cousins qui devaient l'attendre, mais il ne pensait qu'à Elle, il ne voyait qu'Elle.

Ils fumèrent toute la nuit, plus que d'habitude. L'opium les fit sommeiller.

A l'aube, il avait le cœur lourd et l'amour triste.

Depuis plusieurs semaines, Nathalie semble aller mieux, elle parle aux infirmières, sort accompagnée pour s'acheter une nouvelle robe ; avec une autre patiente ; elle s'enduit la figure d'un masque de crème le soir pour avoir une jolie peau. Elle est allée chez le coiffeur pour « changer de tête », dit-elle. Fraîche, vêtue de clair, sentant bon, elle paraît renaître. Le médecin qui la suit a téléphoné à son père, il est venu le voir et ils ont eu une longue conversation. Depuis Nathalie a droit à un coup de téléphone par jour. Elle se rend régulièrement aux activités thérapeutiques et modèle avec application des tasses qu'elle décore de couleurs gaies. Un soir, avec une infirmière elle est allée au cinéma. Les jours s'allongent. Le temps est beau, le ciel bleu. Nathalie passe des heures sur le banc du petit jardin « pour avoir bonne mine ». Elle a minci. Elle est presque jolie, parfois enjouée, faisant des farces et taquinant les autres patients. Les médecins sont satisfaits de ses progrès, de son humeur. On envisage à nouveau de l'envoyer à la montagne dans un centre de vacances. Son traitement a été diminué.

Elle revient de ses cours de piano en révisant son solfège. Son père est venu la voir dimanche. Il l'a emmenée à la cafétéria boire un jus d'orange. Il a suggéré aux médecins de prendre Nathalie tout un week-end. Sa femme sera présente et le frère de Nathalie également. Nathalie a passé deux heures à préparer son sac, repassant ses tee-shirts et sa robe toute neuve. Les infirmières lui ont confié une grande enveloppe contenant ses médicaments déjà préparés dans des sachets distincts pour le matin, pour l'après-midi, pour le soir.

Le jour venu, deux heures avant l'heure fixée, elle était prête, assise sagement dans le couloir, le sac posé à côté d'elle, attendant l'infirmière qui devait la conduire. Elles sont parties à 6 heures du soir. Nathalie a embrassé Bertrand en plaisantant. « J'espère que je ne te manquerai pas trop. » A 6 h 30 l'infirmière est revenue en racontant qu'on lui avait préparé sa chambre, mis des fleurs dans un vase et qu'à la cuisine sa mère s'affairait pour lui confectionner une tarte aux pommes. « Lorsque je suis partie, a continué l'infirmière, j'ai croisé son père qui rentrait de son travail. Il avait l'air de très bonne humeur. »

Une heure plus tard des cris ont retenti dans l'escalier, des insultes, des menaces, des hurlements.

Le père de Nathalie la ramenait de force à l'hôpital. Nathalie sanglotait, trépignait. On lui a d'urgence fait une injection de calmant et on l'a attachée sur son lit. Son père a expliqué qu'en dix minutes elle avait dévasté tout l'appartement, brisant les meubles, les assiettes et les bibelots, renversant la table, ils avaient dû appeler un voisin pour la maîtriser, elle avait cassé les carreaux des fenêtres en y jetant tout ce qui lui tombait sous la main ; dans une crise de fureur elle avait réussi à s'enfermer dans sa chambre, déchirant ses vêtements, brisant les cadres et les photos. « Je ne veux plus jamais la revoir, criait-il à son tour. Gardez-la et faites-en ce que vous voudrez. » L'interne de garde appelé d'urgence a eu du mal à le calmer. « Elle a tout cassé, répétait-il, il y en a pour des milliers de francs. »

De son lit Nathalie continuait elle aussi à crier. La dose massive de calmant n'avait pas encore produit son effet. « Pardon, pardon, hurlait-elle, je ne le ferai plus jamais, je te le jure. » Puis une minute plus tard, elle hurlait encore plus fort. « Je déposerai une plainte contre toi, je suis enfermée depuis dix ans, à cause de toi, tu passeras dix ans en prison, c'est ton tour... »

Le père de Nathalie tremblait de rage, mais il n'osait regarder les infirmières en face. Il est parti en claquant la porte, poursuivi par les cris de sa fille.

Peu à peu le calme est revenu. Les patients qui étaient tous sortis de leur chambre y sont retournés et s'y sont enfermés comme s'ils avaient peur. On n'entendait plus que de longs sanglots provenant de la chambre où Nathalie était attachée. Le Tranxène a fini par agir. Elle s'est endormie et le silence est retombé sur le service. Même les infirmières ne parlaient plus.

7

Dans l'unique pièce qu'il habite, Marc aligne soigneusement sur une plaque de marbre posée sur sa table une interminable ligne d'héroïne. Il a ramené cette plaque de marbre, un carré de trente centimètres de côté, de l'un de ses cambriolages en pensant que cela serait plus agréable et plus joli de faire des lignes sur du marbre que sur de vieux magazines. C'est un esthète. Un toxicomane, un dealer mais un esthète, pauvre mais toujours propre et bien habillé.

Il aime les jolies choses. Il lui est arrivé de délaisser un magnétoscope dont il aurait pu tirer un bon prix pour un bronze sans valeur mais qu'il voyait bien sur sa table de nuit.

Il ne fait plus de cambriolage, ou alors exceptionnellement, il deale pour vivre depuis une quinzaine d'années. Il dit son « business ». Il a fait deux fois de la prison et les années l'ont rendu prudent mais il continue à dealer car il consomme, et parce qu'il ne sait rien faire d'autre. Ce qu'il vend est aussi cher et d'aussi mauvaise qualité que partout ailleurs mais lorsqu'on est fauché il ne vous laisse pas partir sans un « dépannage ». Il lui arrive même de faire crédit, pas beaucoup, mais ça peut aider.

Un soir, le lendemain d'un Noël particulièrement sinistre, il a offert un gramme à Bertrand. Bertrand est un bon client et Marc sait s'attacher sa clientèle.

Bertrand a été vraiment surpris lorsque Marc a sorti de son Frigidaire une bouteille de champagne et un bloc de foie gras. Bertrand savait que cela avait été payé avec l'argent qu'il lui avait versé, mais il a trouvé le geste élégant.

Marc rêve d'être peintre et il part quelquefois à la campagne, abandonnant son business pendant plusieurs semaines pour se consacrer à sa passion.

Ce qu'il peint est assez réussi, des abstractions colorées, et Bertrand a vu dans des galeries ou des musées des tableaux vendus très cher qui ne valent pas ce que fait Marc.

Seulement Marc ne connaît personne dans les milieux artistiques, et il n'ose pas montrer ce qu'il a peint à des galeries, de peur de se faire éconduire. Il n'a pas le profil qu'il faut, il n'a pas fait d'études aux Beaux-Arts, il ne ressemble pas à un artiste, il parle comme on parle dans la rue ou dans les banlieues. Cela lui permet simplement de rêver, d'imaginer qu'un jour il pourra vivre de son art, prendre des vacances aux Bahamas, les poches pleines de dollars sans craindre chaque matin qu'on frappe à sa porte : « Police, ouvrez. »

Il a des idées sur tout, sur le chômage comme sur les modèles des voitures les plus chères, sur la pollution comme sur le moyen d'ouvrir plus facilement les boîtes de conserve.

Et sur la drogue, bien entendu. « Ils sont cons », dit-il, en parlant des flics, des juges, des médecins, des hommes politiques en général, surtout des hommes politiques.

« Ils ont tout faux, tu veux me dire ce qui se passe ? Les tox, il y en a de plus en plus, des dealers y en a partout, les keufs en coincent un ou deux, font peur à quelques consommateurs ; une fois par an, ils mettent la main sur un gros chargement et alors ? Un dealer arrêté est remplacé par trois autres, les consommateurs replongent, le gros arrivage est suivi par deux encore plus gros... Les prisons sont pleines... et ça continue et ça augmente...

– C'est pas très original ce que tu me dis.

– Qu'est-ce qu'ils veulent ? Arrêter le trafic ? C'est simple...

– Si c'était simple, ça serait fait.

– C'est trop simple justement, écoute, ce paquet que tu viens de prendre en filant cinq cents balles...

– Oui ?

– D'abord, dedans il doit y avoir entre 5 et 10 % de dope, le reste c'est de la merde, n'importe quoi, en poudre...

– D'accord.

– Ce que tu payes, c'est pas la dope, ça vaut que dalle, c'est le risque, c'est les deux ans que je peux me prendre sur la gueule.

– Et alors ?

– Alors tu supprimes le risque et la dope elle ne vaut plus que dix ou vingt balles.

– Et comment tu supprimes le risque ?

– Tu autorises...

– Ah, d'accord, l'héro en vente libre dans les supermarchés...

– Pas les supermarchés... les commissariats !

– Les commissariats ?

– C'est le seul endroit où ils ne se feraient pas braquer ; on mettrait les tox en carte, comme les putes, ou les diabétiques, et ils iraient chaque jour prendre leur dose chez les keufs... à dix ou vingt balles le gramme, merci monsieur l'Agent, à demain !

– Tu n'as pas un peu trop forcé ces derniers temps ?

– Mais réfléchis... de la dope à vingt balles, sans bénéfice, à prix coûtant... qui irait en vendre ? quel serait le con qui achèterait des dizaines de kilos au Liban, au Pakistan ou en Colombie ? pour faire quoi ? revendre à qui ?... C'est simple, pas de bénéfices, pas de fric, pas de trafic...

– Ça pourrait quand même pousser d'autres gens à en prendre, surtout les jeunes...

– Et que font-ils d'autre depuis dix ans ? Avec mon système, où est-ce qu'ils se la procureraient la came ? Il n'y aurait plus de dealers ; qui irait en proposer à mille balles alors qu'au commissariat elle serait au prix d'un paquet de gitanes ? C'est pas dur à comprendre. »

Amené par un car de police, difficilement maîtrisé par quatre infirmiers, un homme est traîné, poussé, tiré vers le service. Il est en proie à une crise d'une extrême violence, habité par une sorte de rage qui décuple ses forces. Il crie, hurle des insultes, frappe les murs, défonce d'un seul coup de pied la porte d'un bureau. Ce n'est pourtant pas un hercule, il n'est pas particulièrement grand et fort ni même jeune. Il doit avoir la quarantaine, un début de calvitie. Il porte des vêtements défraîchis mais « convenables », veste et pantalon de velours...

« Il a pété les plombs », commente un infirmier.

On prépare à la hâte une injection. On sort l'appareil barbare, la camisole de cuir et de fer. L'homme continue à se débattre, il paraît animé d'une haine farouche contre tout, contre tous...

« Salauds, salauds..., répète-t-il, je n'en peux plus, je n'en peux plus. »

D'autres infirmiers viennent en renfort, repoussent les patients vers leurs chambres dont on ferme la porte à clef. La hantise du personnel soignant c'est que l'un d'eux échappe à leur surveillance et réussisse à sortir du service, puis de l'hôpital. L'administration est juridiquement responsable d'eux et il pourrait arriver n'importe quoi. Un patient un peu endormi par son traitement pourrait se faire renverser par une voiture, provoquer un accident, un autre pourrait boire, ne pas payer sa consommation et se quereller avec un garçon de café, un autre pourrait tout simplement décider de prendre un peu de liberté et aller faire un tour. Il arrive périodiquement qu'une « fugue » ait lieu, un malade ne rentre pas de permission et disparaît, un autre escalade les grilles et s'en va. On en a retrouvé un troisième à Bordeaux, en pyjama bleu et pantoufles, quand ce n'est pas une dame âgée qui a pris le train de Strasbourg pour revoir un mari décédé depuis longtemps. Les infirmiers craignent que la situation ne leur échappe, qu'à la faveur d'une telle agitation un malade violent n'en attaque un autre, qu'un dépressif ne s'empare d'un couteau ou d'une paire de ciseaux et s'ouvre les veines, qu'un dernier ne réussisse à forcer la porte de la pharmacie et avale des médicaments... Tout est calme d'habitude mais chacun a un problème, sinon il ne serait pas à l'hôpital, dans ce service-là.

L'agité continue à crier, à proférer des injures. On lui administre une seconde piqûre de calmant, une dose massive qui très vite l'endort. Le silence revient. On rouvre les chambres des autres patients car certains commencent déjà à s'énerver, secouent les poignées, appellent... et puis c'est bientôt l'heure du dîner. La routine reprend ses droits. Les patients s'attablent, on dépose devant eux la purée insipide, la tranche de jambon sans goût, une banane encore verte... L'infirmière va de table en table, distribuant les médicaments du soir, pilules roses ou bleues, rondes ou triangulaires... Dans la chambre la plus isolée, assommé par ses injections, attaché aux barreaux de son lit, enfermé à clef, l'agité n'est plus qu'un gisant inerte.

Deux jours plus tard, il réapparaît. Calmé, la démarche lente, le regard vague, il ne sait pas très bien où il est, il n'a plus le sens de l'orientation, il faut à chaque fois lui indiquer la porte des toilettes, une infirmière lui a retiré ses vêtements, l'a maintenu sous la douche, l'a séché, l'a revêtu d'un pyjama bleu, il s'est laissé faire sans un geste, sans un mot.

Maintenant il est assis dans le couloir et regarde la reproduction d'un tableau de Manet qui décore le mur.

Bertrand va s'asseoir à côté de lui, lui offre une cigarette, qu'il allume, il aspire la fumée, l'exhale avec un soupir.

« Où sommes-nous ? demande-t-il à Bertrand.

– A l'hôpital, dans un service psychiatrique.

– Ah, et pourquoi m'y a-t-on amené ? Où sont mes vêtements ?

– Vous avez eu une crise très violente avant-hier, vous ne vous en souvenez pas ?

– Non !

– Ce sont les médicaments », le rassure Bertrand.

L'homme semble se plonger dans une longue réflexion.

« D'où venez-vous ? demande Bertrand.

– Je crois que je dormais sur un banc, dans un square, oui, c'est ça, j'étais fatigué, je dormais et puis deux policiers m'ont réveillé et m'ont dit de partir...

– Et alors ? poursuit Bertrand.

– Je leur ai demandé s'ils savaient où je pourrais aller. Ils ont ri, l'un d'eux m'a relevé et m'a poussé... » L'homme se tait un moment comme si les souvenirs revenaient lentement en lui. Puis il continue : « Je ne sais ce qu'il m'a pris, je crois que je l'ai frappé...

– Pourquoi ? demande Bertrand.

– Je ne sais pas, je n'en peux plus...

– Que faisiez-vous, avez-vous un logement ? Une famille, du travail ?

– Non !

– Quel âge avez-vous ?

– Quarante-cinq. » Il répète : « Quarante-cinq ans.

– Vous avez un métier ?

– J'étais cadre commercial dans une grosse entreprise.

– Et puis ? demande Bertrand.

– J'ai été licencié, réduction des effectifs... On m'a offert un poste moins bien payé dans le Nord... J'ai fait la bêtise de refuser, j'avais trente-huit ans, une bonne expérience, une bonne formation, j'ai cru que j'allais trouver autre chose. J'avais des économies...

– Et alors ? »

L'homme écrase son mégot de cigarette, en demande une autre, l'allume, hausse les épaules. « Pendant cinq ans, j'ai cherché, je touchais mes Assedic, j'ai envoyé des centaines de lettres, j'ai sonné à des centaines de portes, et puis... vous savez bien, fin de droits, A.N.P.E., j'ai suivi des stages de formation sur ordinateur, j'ai obtenu deux ou trois emplois de quelques mois payés au S.M.I.C., Je n'ai pas pu payer les traites de mon pavillon, j'ai vendu mes meubles... On m'a expulsé. Au début je me suis relogé dans un foyer... Je n'avais plus de quoi m'habiller proprement, on ne me recevait même plus dans les entreprises, j'ai passé des heures à attendre, à aller d'une administration à une autre, R.M.I., à peine de quoi manger, pour payer une chambre de bonne, j'ai dû aller aux Restos du cœur, j'ai commencé à voler dans les magasins, je ne voulais pas mendier, j'ai été arrêté deux ou trois fois, j'ai passé plusieurs nuits dans les commissariats, le matin on me libérait... J'avais honte, j'avais peur, j'étais tellement déprimé que j'ai commencé à boire, ce que je ne supportais plus c'était le regard des gens dans la rue ou dans le métro, on m'évitait comme si j'étais contagieux... On ne me voyait même plus, on me chassait des cafés où j'entrais pour boire une bière. J'ai eu quarante-cinq ans la semaine dernière. Une dernière fois, j'ai fait un effort, je me suis lavé, rasé, coupé les cheveux, j'ai emprunté des vêtements convenables, je me suis présenté à une agence d'intérim, j'étais prêt à accepter n'importe quoi, coursier, manœuvre, balayeur, j'ai attendu des heures... lorsque j'ai été reçu on n'a même pas jeté un regard sur mon C.V., on m'a dit : "Quarante-cinq ans ? Non, vous êtes trop vieux, il n'y a rien pour vous..." C'était une jeune femme blonde, elle sentait bon, elle était bien habillée, elle m'a indiqué la porte d'un geste en disant "Au suivant". Comme je ne bougeais pas et que j'insistais en lui disant que j'avais besoin de travailler, elle a appelé un collègue qui m'a presque jeté dehors. Jamais je n'avais ressenti une telle humiliation et puis je ne me souviens plus très bien... »

Bertrand se tait lui aussi.

L'homme fume une troisième cigarette. Il dit comme en se parlant à lui-même : « L'hôpital, la rue, il ne reste que la boisson... » Il se tourne vers Bertrand. « Qu'est-ce que je vais devenir ? »

Bertrand ne répond rien. Il retrouve cet air d'incompréhension, de détresse absolue qu'il avait si souvent remarqué lorsqu'il effectuait des reportages et qu'il photographiait réfugiés ou blessés. Et cette fois il ne peut plus faire le geste qui le rassurait, vérifier la présence de son passeport et de son billet d'avion, le geste qu'il a fait si souvent. Cette fois il est de l'autre côté lui aussi. Il pense à ce qui l'a mené là, à ce qu'il a perdu, à ce qu'il a gâché, à l'argent qu'il a dépensé, et sa propre détresse lui paraît dérisoire.

Un infirmier passe dans le couloir et, regardant l'horloge murale qui retarde, dit : « Tiens, on a remis les pendules à l'heure. »

Il y a une photo d'Elle qu'il aime particulièrement. Aimer n'est pas le mot exact. Cette photo le fascine et le trouble. Elle a été prise lors d'une séance d'essais chez un photographe. Elle se présente de trois quarts, en buste, maquillée ou plutôt peinte d'une manière étrange, outrancière, provocante, une coiffure asymétrique lui couvre un côté du visage, découvre l'autre. Elle porte des bijoux d'argent aux oreilles, une chaîne autour du cou. On la reconnaît difficilement. Elle semble à peine humaine. Elle évoque plutôt un personnage extraterrestre issu d'un fantasme d'auteur de bande dessinée érotique. Elle porte, comme une seconde peau, un vêtement d'un tissu aux tons métalliques qui moule sa poitrine. Ses yeux soulignés de fard lui donnent un regard dur, sa bouche est entrouverte en une moue méprisante. Elle ne ressemble en rien à la femme qu'il connaît, c'est un autre personnage mais ce n'est pas un masque, c'est un autre aspect d'elle-même, presque inquiétant, qui révèle un être qu'il ne connaît pas.

Elle aussi aime cette photo. Elle aime beaucoup être

photographiée, défiler sur un podium en portant des vêtements qui mettent son corps en valeur, qui révèlent ses longues jambes, ses hanches étroites, sa silhouette presque androgyne. Elle aime ces regards qui se posent sur elle. Ces objectifs qui la photographient. Elle est à la fois très narcissique, très consciente de sa beauté originale, et en même temps peu sûre d'elle.

Elle semble avoir besoin, en permanence, d'être rassurée sur son pouvoir de séduction. Son comportement est ambigu, double. Elle est extrêmement féminine, aime la soie, les parfums, les fards, les robes, mais elle s'habille souvent d'une manière quasi masculine, pantalons et bottes sans apprêt, sans rouge aux lèvres. Son comportement lui aussi est double. Elle aime séduire mais ne supporte pas les avances ou les compliments. Elle peut être simple, aimable, prévenante, disponible, accessible, compatissante, prêtant l'écoute aux difficultés des autres, mais il lui arrive d'être arrogante, fière, méprisante, agressive. Sa personnalité est double, sa vie aussi. Il y a Bertrand, il y a le monde.

Elle peut avoir besoin d'être réconfortée, rassurée presque comme une enfant et le lendemain d'ordonner et de dominer.

Il lui arrive de passer des heures devant son miroir et de se modeler l'image sophistiquée d'une séductrice mais sans sortir, pour elle-même... Elle a beaucoup d'amis mais elle rejette tout marivaudage. Elle n'est jamais jalouse de la séduction d'autres femmes, s'extasie comme pourrait le faire un homme sur la beauté d'une de ses amies. Elle est à la fois tolérante et exclusive, exigeante et insouciante, possessive à l'extrême autant que compréhensive à l'excès. Ses rapports avec Bertrand ne sont jamais modérés, c'est une suite d'exigences, de feintes indifférences, de moments d'abandon, de confiance, d'inquiétude, c'est une succession d'affrontements et de moments d'union, d'espoirs et de projets, de lassitude et de découragement. Elle est à la fois douce et tendre, dure et égoïste. Elle a parfois peur de l'avenir, peur d'elle-même. A chaque printemps, elle est gaie, épanouie en été, déprimée à l'automne. Elle n'est jamais longtemps complètement heureuse, elle a, comme Bertrand, une angoisse sourde qui resurgit parfois et lui étreint la poitrine. Elle a besoin de sa présence, s'inquiète de ses voyages, souhaite l'accompagner, s'arrange de ses absences, comprend ses émotions, s'étonne de ses succès, ne s'inquiète pas de sa toxicomanie. En tout cas, elle ne s'en est pas inquiétée pendant longtemps, lui faisant confiance tant qu'il paraissait vivre, travailler, écrire et voyager, comme elle ne se serait pas inquiétée d'une liaison qui n'aurait pas empiété sur leurs rapports. Elle y a goûté, a aimé, en a réclamé parfois, mais ne s'y est pas plongée. Elle n'envisage pas de vivre sans lui, leurs rapports sont heurtés, conflictuels, charnels, autant que mentaux. Ils ne vivent pas un amour mais une passion que le temps n'émousse pas. Ils sont complices autant que rivaux. Enchaînés par les moments de bonheur qu'ils ont connus, qu'ils connaissent encore, par les éblouissements qu'ils ont vécus, les expériences qu'ils ont tentées, les fantasmes qu'ils ont réalisés, unis par leurs idées, par leurs perspectives comme par leur passé, par leurs filles qu'ils ont mises au monde et qui sont plus que leurs enfants, le prolongement, la conséquence, le résultat de leur rencontre, du besoin qu'ils éprouvent l'un de l'autre, de tout ce qui les a unis, autant que de tout ce qui les a dressés l'un contre l'autre.

Bertrand n'a jamais aimé l'expression « ma femme » ; depuis qu'ils se sont mariés, lorsqu'il la présente, il donne de préférence son prénom. « Ma femme », il n'arrive pas à la considérer comme sa femme, c'est Elle, encore Elle, toujours Elle. Le possessif le gêne. On dit « ma voiture, ma montre, ma maison ». Il peut parler de « ses » voyages, il dit « mes livres, mes voyages, mes idées, mes projets... », mais Elle, il n'a pas l'impression de la posséder, d'avoir de droits sur elle. Il ne le veut pas d'ailleurs quels que soient les sentiments qui les unissent, quelle que soit la forme juridique de cette union. C'est Elle.

L'hôpital est un monde clos. Ses hauts murs de pierre l'isolent de la rue. Des pavillons construits au siècle dernier forment comme une petite ville, laide et grise. Il y a bien ici ou là un parterre de fleurs, un minuscule jardin, un court de tennis, un « relais-cafétéria » où, en plus d'une salle où l'on peut consommer café, soda ou sandwich, on trouve un kiosque à journaux et des cigarettes. Des cigarettes, tout le monde en achète mais les journaux... Les patients ne sont pas concernés par l'actualité, ce qui se passe dans le monde, les campagnes des hommes politiques, les crises internationales, le cours du yen ou du dollar... ce sont des événements tellement éloignés de leurs problèmes, de leurs soucis, de leur détresse qu'ils n'ont pour eux absolument aucune signification. Les infirmiers, eux, achètent *L'Equipe* ou *Le Parisien libéré* pour faire les mots croisés quand ils ont un moment. Il y a aussi un coiffeur, une esthéticienne, un pédicure qui tentent de conserver figure humaine aux malades... C'est gratuit, et cela fait passer un moment. Dans les allées où sont garés les véhicules des médecins et du personnel soignant, errent désœuvrés les malades qui ont « permission de parc » : le droit de se promener à l'air libre quelques heures, et qui croisent les familles venues rendre visite à l'un des leurs. « Vous n'auriez pas une cigarette ? deux ou trois francs ? » demandent-ils. Il y a différents services, les cuisines, la pharmacie centrale, les urgences, l'hôpital de jour, l'hôpital de semaine, les services fermés où tout est bouclé, surveillé, d'où on ne peut ni sortir ni entrer sans autorisation.

Bertrand est dans l'un de ces services. Il a tant de fois rechuté qu'on a décidé, une fois pour toutes, de le garder sous surveillance. De Nathalie au Dr Reyer, du S.D.F. au cadre supérieur dépressif, c'est un peu au hasard qu'on répartit les patients. On y croise parfois un touriste japonais qui a trop bu, qu'on a dépouillé de son argent et de ses papiers et que les policiers ont amené ici parce qu'il protestait un peu trop violemment, un clochard ivre mort, un homme qui feint de délirer parce qu'il ne sait pas où passer l'hiver et qui simule avec application, une étudiante étrangère qui s'est fait agresser, violer, qui se terre comme un animal blessé, une femme qui a tenté de mettre fin à ses jours parce que son mari l'avait quittée, un toxicomane en manque, un Africain amnésique, des paumés, des exclus, des désespérés, de grands délirants qui entendent des voix, des chômeurs qui ont « pété les plombs » comme a dit l'infirmier lorsqu'on a amené le forcené avec lequel Bertrand a parlé, des mystiques, des membres d'une secte, des gens de tous les âges, de toutes les conditions, de tous les milieux sociaux, alors on traite tout cela avec des tranquillisants, des calmants, des médicaments qui les font rester calmes, qui leur font supporter l'enfermement, l'ennui, le vide. Les psychiatres prennent le temps d'établir un diagnostic, d'adapter le traitement, ils reçoivent de temps en temps un malade, posent des questions, essaient de comprendre, tâtonnent dans les doses. Un assistant social essaie de débrouiller les situations les plus complexes, les cas sociaux, remplit des formulaires, des demandes d'aide. Pour occuper les journées interminables, il y a quelques « ateliers » où l'on propose des activités manuelles simples... Il y a même une « arthérapeute », une jeune femme à la coiffure extravagante rasée d'un côté de la tête, qui porte des vêtements moulants, couverte de bijoux fantaisie. Elle propose, sur recommandation d'un médecin, une heure de peinture sur tissus, montrant avec fierté les tee-shirts barbouillés qu'elle a fait faire. Une patiente lui a dit un jour : « C'est du côté des dingues que vous devriez être. »

Quant au personnel soignant, infirmiers, infirmières ou aides-soignants, ils se comportent avec efficacité, parfois avec gentillesse, souvent avec autorité, comme des adultes s'adressant à des enfants : « Vous avez fait votre lit ? », « Vous avez pris votre douche ? », « Allez, à table tout le monde », « Eteignez votre cigarette », « Au lit maintenant ». Peu à peu on obéit, on se soumet, on accepte, on s'infantilise. Médecins et infirmiers exercent un pouvoir. Les médecins décident, les infirmiers appliquent, le patient ne peut que subir. On lui concocte un traitement que le médecin explique en employant des mots incompréhensibles pour qui n'est pas du métier. Aux horaires prévus, les infirmiers distribuent gélules, comprimés ou gouttes dans un verre d'eau. Il faut avaler ce cocktail devant eux, il leur arrive de faire ouvrir la bouche pour vérifier qu'on n'a pas caché un comprimé pour le recracher ensuite. Lorsqu'un patient refuse, estimant que cela ne lui réussit pas, que cela l'endort pendant la journée, qu'il se sent dans une sorte de brouillard qui l'empêche de réfléchir, les infirmiers insistent et préviennent : « Ou vous avalez vos comprimés bien sagement ou on vous fait une piqûre. »

Les patients n'ont pas le choix. D'ailleurs, Bertrand est de ceux-là, la plupart réclament d'eux-mêmes ces médicaments qui leur évitent de trop penser à leur situation. Pendant longtemps Bertrand a demandé plus de somnifères, mais on les lui refusait lorsque ce n'était pas l'heure exacte. On ne modifie pas comme cela un règlement, on ne change pas un horaire.

C'est parfois nécessaire, souvent indispensable, il arrive que cela soit absurde. Mais il faut obéir. Déjeuner à l'heure prévue, dîner à six heures et demie, le service est vaste, les patients nombreux, le personnel débordé. On ne peut pas traiter chaque cas d'une manière particulière, ce n'est ni un restaurant ni un hôtel.

D'ailleurs avec ses portes qu'on ferme et referme à clef, avec ses barreaux aux fenêtres, ses surveillants à la porte, cela ressemble plutôt à une prison. Il faut demander sans arrêt une permission, pour une promenade de dix minutes, pour un paquet de cartes ou une boîte de Scrabble, pour des cigarettes. En général, cela ne pose pas de problème mais on doit demander, effectuer cette démarche : « S'il vous plaît », « Si cela ne vous dérange pas... ».

Le personnel peut parfaitement refuser : « J'ai autre chose à faire », « Il est trop tard », « Commencez par ranger votre chambre ». Lorsqu'on a cinquante ans et que des jeunes femmes ou des hommes plus jeunes vous rabrouent et vous répondent « Non », sans même expliquer pourquoi, on se sent infériorisé, ce que l'on ressent s'apparente à de l'humiliation, il n'est même pas question de tourner le dos en secouant la tête, excédé. Bertrand l'a fait une fois : « Revenez s'il vous plaît et dites-moi ce qui vous permet de prendre cet air ! »

Bertrand, qui ne veut surtout pas avoir de discussion, s'est senti contraint de marmonner une excuse.

Un patient à qui l'on refusait sans raison apparente l'autorisation de se faire chauffer de l'eau pour un café a dit : « Vous êtes vraiment des emmerdeurs ! » Il a été puni comme un enfant de cinq ans qui a fait une bêtise et on l'a enfermé à clef dans sa chambre jusqu'à l'heure du dîner. Une jeune femme surprise à recracher ses médicaments a traité les infirmiers de « salauds », elle a eu droit à trois jours complets d'isolement.

« Je ne suis pas payé pour être insulté », a déclaré l'infirmier.

Une jeune fille anorexique, un peu mystique, qui refuse tous ses repas depuis quinze jours « parce que dans le monde il y a des millions de gens qui meurent de faim », craque quelquefois et après le repas va prendre sur une table un morceau de pain. On le lui arrache des mains : « Trop tard, vous n'aviez qu'à manger avec tout le monde. » Petites brimades, petites humiliations inutiles...

Lorsque Bertrand, qui ne parvient pas à dormir, demande au veilleur de nuit qui est affalé devant la télévision s'il ne peut pas avoir un fruit ou un verre de lait, l'homme soupire, se lève, il n'a que trois pas à faire, une porte à ouvrir, cela lui prend deux minutes, mais si cela se renouvelle trop souvent le veilleur de nuit refuse. « Ce n'est pas un snack-bar ici, allez vous coucher. »

Mesquineries, petites satisfactions de tenir l'autre sous son autorité. Tout le monde n'est pas comme cela, beaucoup d'infirmières sont gentilles et prévenantes, mais d'autres ne perdent pas une occasion pour faire sentir leur pouvoir. « Videz ce cendrier, parlez moins fort, vous empêchez les autres de dormir. Je ne veux plus vous voir dans le couloir à cette heure-ci. »

Bertrand s'isole de plus en plus, parle de moins en moins. Il ne supporte pas d'être obligé de se comporter comme s'il avait dix ans.

Quant aux médecins, il n'est même pas envisageable d'émettre le moindre doute sur leurs certitudes. Ils ont, par définition, raison. Ils ne se remettent pas en question. Ils ne changent ni d'opinion ni de diagnostic. Le malade accepte sans résistance le processus thérapeutique, c'est-à-dire des comprimés qui le calment et l'empêchent de réagir, sinon il est considéré comme incapable d'évoluer.

Là encore, Bertrand se renferme et s'isole. Il se sent

rabaissé. Depuis qu'il commence à reprendre ses esprits, à montrer plus de cohérence, depuis qu'il s'occupe en lisant, en écrivant, il s'inquiète et dérange. Heureusement il y a Martine, une aide-soignante, jolie et gaie, elle vient cinq minutes fumer une cigarette à côté de lui. Elle lui a fait son lit, changé les draps et apporté un pyjama propre. Un jour où son traitement le faisait ruisseler de sueur, elle a même lavé et repassé ses chemises. Pour Bertrand c'est énorme.

Et puis il y a Yvon, qui tient la cafétéria, bourru, grande gueule, corse, il lui offre un café, lui pose une question pour les mots fléchés qu'il remplit toute la journée. « Vieille douane en six lettres ? – Octroi », répond Bertrand. « Ça colle. » Ils échangent quelques mots sur un match de foot. Pour Bertrand, là encore, ça vaut tous les entretiens avec les médecins. On ne le traite plus comme un malade mais comme un individu comme un autre. Un sourire de Martine, un café d'Yvon et il oublie deux minutes l'atmosphère de surveillance, de suspicion, de caporalisme, de tous les autres, les analyses d'urine et les prises de sang après une demi-heure dans le parc... Il est vrai qu'il a rechuté, qu'il a réussi à boire un bock, et même à se procurer de la drogue, mais c'était presque par défi, par réaction contre cet environnement, cet univers carcéral. Il semble à Bertrand qu'aucun espoir n'est laissé à ceux qui y ont pénétré, qu'on les dépouille, petit à petit, de leur dignité ; c'est un engrenage, c'est une voie de garage qui s'écarte de plus en plus, se perd dans les ronces et les traverses rouillées, si l'on ne parvient pas à réagir à un certain moment, si l'on ne reprend pas ses forces, on s'enfonce, on s'habitue, on passe d'un service à un autre, d'un foyer à un « appartement thérapeutique ». L'objectif semble ne pas être une guérison, à laquelle personne ne croit. On évoque vaguement une stabilisation, une réinsertion, la reprise d'une vie sociale autonome, mais on n'a pas l'air d'en être convaincu vraiment. On a plutôt l'impression que l'administration et les médecins n'ont comme perspective que de répartir, de contrôler, d'alimenter tout un système qui va du service d'urgence au centre d'aide par le travail, qu'il s'agit de gérer une population d'exclus dont la vie va s'écouler sans jamais rompre le contact avec le milieu psychiatrique, les services sociaux, les foyers de post-cure...

Et d'ailleurs que deviendraient ces dizaines de médecins fonctionnaires, ces centaines d'infirmiers ou d'aides-soignants, ces secrétaires, ces cuisiniers qui fabriquent des milliers de repas par jour, ces techniciens qui réparent, repeignent, ces jardiniers qui plantent de petites fleurs bleues au milieu des bâtiments de ciment ? Il y aurait bien sûr toujours des malades, et les stagiaires trouveraient toujours des sujets d'étude pour rédiger leurs mémoires, mais on a l'impression que le principal est que la machine tourne, c'est une usine dont le patient est la matière première.

Tout en haut de la colline sont bâties les villas cossues des Parsis de Bombay, des Indiens de lointaine ascendance perse respectant encore les rites et les coutumes de l'époque de Darius, révérant le dieu Zoroastre, que l'on nomme également Zarathoustra.

Au-dessus des villas, dans le ciel que la brume de chaleur, l'humidité venue de la mer et la pollution des voitures rendent blême, s'élèvent des hautes tours, des sortes de piliers dressés vers la voûte céleste, ne supportant que le vide. Des tours noires d'aspect inquiétant surplombant piscines, terrains de golf, pelouses verdoyantes et immeubles de luxe où vivent les Parsis qui ont réussi.

Ce sont les tours de la mort, des vautours tournent inlassablement autour de leurs sommets, ces oiseaux au cou déplumé qui se nourrissent de charogne.

La tradition parsie veut que les défunts soient déposés sur ces tours pour être dévorés par ces oiseaux sinistres qui déchirent les chairs et broient les os, faisant disparaître les cadavres aussi bien mais moins rapidement que la crémation utilisée par les hindous.

Bertrand, rentrant avec Elle de Saigon, a fait escale à Bombay où il connaît l'un de ces Parsis qui les a accueillis avec une extrême politesse. Héritier d'une des plus grosses fortunes de la caste, il attend le moment où il pourra enfin aller déposer le corps de son père au sommet de l'une de ces tours.

Bertrand et sa femme sont restés six semaines à Saigon que personne n'appelle encore Hô-Chi-Min-Ville dans un Vietnam réunifié mais où aucun avion civil n'a pu décoller sous le prétexte que l'aéroport nécessitait des réparations. Ces six semaines ne s'étaient pas désagréablement passées.

Dès le lendemain de l'entrée des chars et des bo-doïs, alors qu'ils assistaient depuis la terrasse de l'hôtel Continental à la pitoyable scène d'une petite commerçante traînée hors de sa boutique par ses deux employées qui souhaitaient manifester leur zèle révolutionnaire devant deux policiers nord-vietnamiens totalement indifférents, en s'installant, elles, issues du peuple, à la place de leur patronne, le boy-pipe de la fumerie de Cholon avait débarqué d'un cyclo-pousse dont l'utilisation avait pourtant été interdite car contraire à la dignité prolétarienne.

Il s'était installé à leur table, le visage éclairé de son éclatant sourire habituel, s'était assis discrètement sur l'extrême bord d'une chaise et leur avait annoncé que le nouveau commissaire politique responsable du labyrinthe des habitations chinoises où se trouvait sa fumerie était maintenant le neveu de la seconde épouse de son cousin qui, revenu du maquis, avait vite trouvé un emploi administratif. En conséquence, ils s'étaient tous les deux entendus pour que la fumerie puisse continuer à fonctionner afin de nourrir leur nombreuse famille, et arrangés pour se partager l'argent au lieu de payer les policiers corrompus du régime précédent.

Dans ces conditions inespérées, nouvelles et reposant sur la confiance, avait-il conclu dans un français qu'il parlait avec précision mais en employant un peu trop d'adjectifs, il ne pouvait que souhaiter revoir régulièrement des clients qui étaient, l'espérait-il vivement, également des amis ; leur présence honorait sa demeure et la beauté de la femme de Bertrand éclairait la pièce où il officiait.

Bien entendu, la première visite qu'ils daigneraient lui rendre, qu'il espérait prochaine et qu'il attendait avec impatience, se ferait à ses frais. Puis avec des saluts jusqu'à terre, il s'excusa de devoir les quitter, ayant d'autres personnes à avertir de la bonne nouvelle.

« Il a besoin de dollars, conclut Bertrand, il doit préparer son départ, mais cela nous permet d'y retourner en toute sécurité. Il n'y a pas plus respectueux des engagements familiaux qu'un Chinois de Cholon, même après un séjour au maquis. »

Ils fumèrent donc à nouveau, tous les soirs, dégustant les brochettes de poulet que l'épouse du propriétaire de la fumerie faisait frire en bas tandis que l'opium cuisait en haut et que toutes les télévisions de la rue diffusaient comme à l'accoutumée des airs d'opéra chinois.

« Le temps semble s'être arrêté ici », avait-elle dit.

Ce jour-là, leurs pas les ont conduits vers le cimetière du Père-Lachaise. Immense monde clos, verdoyant, visité comme un monument, parcouru par des enfants à bicyclette, des vieillards appuyés sur leurs cannes, des amoureux, des passionnés de Chopin ou de Rossini, de Balzac ou de Proust, des dames frisottées venues déposer un bouquet sur la tombe d'Edith Piaf, de vieux rockers fatigués et dégarnis se recueillant sur la dalle recouvrant Jim Morrison, le chanteur des Doors, mort d'overdose, des mystiques montant la garde autour du mausolée d'Allan Kardec. Il y a des coins d'ombre, des arbres centenaires, de petits squares pour les bébés. Il y a le mur des Fédérés où furent fusillés les révoltés de la Commune. Il y a le gisant reproduisant le corps de Victor Noir, tué en duel par Pierre Bonaparte et dont le pantalon moulant de bronze est usé à la hauteur des attributs sexuels car la légende veut qu'il redonne force aux hommes et fécondité aux femmes, il y a des centaines de chats, il y a surtout d'innombrables allées où s'élèvent mausolées, chapelles funéraires, souvenirs glorieux d'une bourgeoisie triomphante qui voulait honorer ses morts comme les princes de l'ancien temps et qui ne sont plus que ruines délabrées, ronces, colonnes écroulées...

Il y a surtout une étrange atmosphère, une senteur d'humus, de tombes fraîches, de fleurs fanées, un silence qui repousse très loin les murmures de la circulation, on y côtoie la mort, on y rencontre la mort à chaque pas, à chaque carrefour, le carré des romantiques, le coin des poètes, les innombrables anonymes, les temples néodoriques, les constructions néogothiques, les dalles de granit sans fioritures.

Mais la vie est là, dans les jeux d'enfants, les sourires des amoureux, les photos des touristes. C'est une atmosphère troublante. Elle a brossé ses cheveux pour qu'ils brillent dans le soleil, remis du rouge à ses lèvres, ouvert un bouton de son chemisier..., elle parcourt les allées d'un pas altier, attirant les regards... Une fois encore elle est insituable, ni touriste, ni amoureuse, ni passionnée d'un peintre ou d'un écrivain. Elle s'insère dans le paysage comme une enluminure issue d'un livre d'heures en même temps que d'un journal de mode. Le vent fait frissonner ses cheveux, plaque ses vêtements sur son corps, elle avance parmi les ruines, tourne autour des arbres. Les enfants s'arrêtent de jouer, les vieux lèvent le nez de leur journal, les rockers décatis la sifflent sans conviction, les mystiques la toisent avec inquiétude, les fans d'Edith Piaf la considèrent avec hostilité, les promeneurs honteux en oublient leurs gestes obscènes. Bertrand la suit à dix mètres, fasciné par les réactions qu'elle suscite, la curiosité, l'incompréhension de tous. Des chats viennent frôler ses bottes, elle s'enfonce dans le labyrinthe des tombes, enjambe une stèle, déchiffre un nom rongé de mousse. Elle pense à tous ces corps qui gisent là sous ses pieds, ossements et poussière, à leur vie, à leur jeunesse, à leurs amours. Elle pense au temps qui, ici, semble s'être figé à jamais. Elle sourit lorsque Bertrand lui raconte la légende de Victor Noir et se baisse pour effleurer son pantalon, comme elle aurait embrassé le pied de la statue de Saint-Pierre, à Rome. Elle rit en voyant un petit homme chauve s'approcher d'elle en la dévisageant avec haine.

Bertrand lui prend le bras et l'entraîne à l'écart. Ils entrent dans une chapelle à la porte vermoulue et se pressent l'un contre l'autre, un couple allongé se redresse en grommelant. Ils sortent en riant à nouveau. Non, ils ne feront pas l'amour dans un cimetière... On n'est tranquille nulle part. Il semble y avoir autant d'êtres étranges que de squelettes allongés. Des veuves éplorées dont on peut penser que c'est un rôle qu'elles se jouent à elles-mêmes, des maniaques furtifs. Un enterrement, un vrai, se déroule au loin avec fleurs et couronnes, famille alignée, croque-morts à casquette de chasseurs d'hôtel. Les curieux affluent pour apercevoir le cercueil que l'on vient de déposer dans la fosse. Ce devait être un personnage important. Sur un coussin de velours noir sont alignées de nombreuses décorations.

La veuve, les yeux dissimulés par des lunettes noires, ne bouge pas. Autour d'elle des enfants en culotte courte et blazer bleu s'agitent et se font des niches. Les amis défilent, se passant de main en main l'ostensoir de bronze qui refait indéfiniment le même vague signe de croix. Les curieux se sont approchés, estimant le prix d'un bijou, supputant l'origine d'un tailleur « Chanel »..., « non Saint Laurent, ma chère », se disputent deux vieilles femmes presque en guenilles. « C'était annoncé dans le journal, affirme péremptoire un vieil homme, c'est monsieur X, le grand industriel... – On l'a retrouvé mort d'une crise cardiaque dans un hôtel de passe... », ricane un autre. Et la foule des curieux s'écarte et s'éloigne en murmurant et en gloussant, tandis que la veuve, sans quitter ses lunettes noires, pour dissimuler ses larmes ? pour ne pas montrer qu'elle ne pleure pas ? monte avec ses enfants dans une grande limousine qui s'éloigne comme au ralenti.

Elle s'est figée, n'a pas quitté la veuve des yeux, suit du regard la voiture.

« Partons maintenant, dit-elle, j'ai froid tout à coup. »

Et sans attendre Bertrand elle se dirige vers la sortie du cimetière, retrouve le vacarme de la circulation, les passants qui se bousculent, les marchands de fleurs qui remballent leurs hortensias, les camions de livraison qui klaxonnent, les jeunes en rollers qui sillonnent les trottoirs à toute vitesse. La limousine noire attend à un feu rouge puis se perd dans les encombrements.

« J'ai froid », répète-t-elle.

Pourtant le soleil est encore haut dans le ciel et l'air de ce mois d'août est particulièrement chaud.

Elle se presse contre Bertrand, passe un bras autour de sa taille : « Prenons un taxi, rentrons vite.

– Il y a une telle circulation, répond Bertrand, nous aurions aussi vite fait en métro.

– Non ! Surtout pas ! Je n'aime pas les odeurs du métro, les gens qui le prennent, les clochards qui font la manche, c'est terne, triste, sinistre. Je n'aime pas qu'on me frôle, qu'on me bouscule, qu'on me regarde.

– Je croyais que tu aimais qu'on te regarde !

– Lorsque c'est moi qui décide, lorsque c'est moi qui accroche un regard et l'oblige à ne pas me quitter des yeux...

– Il t'arrivera des ennuis à ce petit jeu-là !

– Il m'est déjà arrivé des ennuis. » Elle se tait, elle ne dira rien de plus aujourd'hui, peut-être jamais.

Elle laisse Bertrand imaginer, redouter, craindre, être jaloux.

Dans le taxi qu'ils ont pris, elle se penche à l'oreille de Bertrand et murmure : « Il ne te reste rien ?

– A la maison », répond Bertrand.

Elle ne dira plus un mot pendant tout le trajet, pressera le pas vers l'ascenseur, appuiera nerveusement sur le bouton d'appel, entrera dans l'appartement et se dirigera vers l'armoire à pharmacie où elle sait que Bertrand range, bien caché, son petit paquet de papier plié.

Elle aspirera la poudre avec un soulagement qui fait maintenant presque peur à Bertrand. Elle n'en prend pas souvent mais, ces temps-ci, elle lui en demande de plus en plus. De quel droit Bertrand lui refuserait-il ce qu'il s'autorise à lui-même ? Mais il tient à en garder le contrôle, non pas pour exercer une sorte de pouvoir à son égard mais pour éviter qu'elle n'y bascule comme lui. Car plus que lui, croit-il, ses comportements sont extrêmes, exagérés, déraisonnables... mais peut-il encore parler de raison ?

En rangeant une armoire, Elle a trouvé un carton contenant de vieilles photos de Bertrand, des photos prises lors de son service militaire. Il avait vingt-deux ou vingt-trois ans. Les cheveux courts, les joues creuses, en treillis, il pose avec ses copains de régiment.

« Là, celui avec le nez pointu, c'est André Brun. Il était d'Aix-en-Provence, je crois, le gros blond, à gauche c'est Julius Nonnenmacher de Westhoffen en Alsace. » Il est le premier étonné de se souvenir de leurs noms, c'est si loin... « Ici, c'était pendant les classes à Fréjus, là c'est le *Pasteur*, un vieux paquebot des Messageries maritimes qui faisait aussi du transport de troupe. Ce type, c'est Jean-Baptiste Samarandy, un Réunionnais d'origine indienne... Le *Pasteur*, je me souviens de la traversée. Trois semaines à fond de cale, Port-Saïd, Djibouti, j'ai failli crever de chaleur sur la mer Rouge, ensuite Mombasa, et enfin Madagascar... »

Il y a aussi d'autres photos. Des paysages malgaches, rizières et buffles, paysannes drapées dans une sorte de châle de coton blanc, le « lamba », les rues de Majunga aux maisons peintes de couleurs pastel, aux balcons de bois ciselés comme de la dentelle, parcourues d'Indiennes en sari et de Comoriens maigres et noirs. Bertrand regarde chaque photo avec amusement. Tout au fond de la boîte en carton elle a trouvé la photo d'une fille aux cheveux courts retombant sur son front et lui donnant l'air d'un petit bélier, des yeux en amande, très obliques, une bouche charnue, un cou mince. La fille est prise de trois quarts, elle regarde vers une fenêtre par laquelle on aperçoit la masse noire des nuages de la mousson.

« Et ça ? Un autre copain de régiment ? » Son ton est devenu glacial. Elle tend la photographie à Bertrand, à bout de bras.

« Tu ne vas quand même pas me faire une crise de jalousie. Je te rappelle qu'on ne s'est pas vus pendant un an. Je ne t'ai jamais demandé avec qui tu étais sortie pendant que j'étais à Madagascar, proteste Bertrand.

– Qui est-ce ? » répète-t-elle, avec le même ton glacial.

Bertrand soupire, hausse les yeux au ciel avec une feinte indifférence.

« Elle s'appelait Béryl. »

Silence.

« Tu étais amoureux d'elle ?

– Non, je ne lui ai jamais raconté d'histoires, elle savait que j'étais amoureux de toi et que je n'attendais que le jour où je pourrais aller te rejoindre.

– Tu n'as jamais rien éprouvé pour elle ?

– Arrête, je l'aimais bien, elle était très jolie et très jeune...

– Et elle, elle t'aimait ?

– Je crois qu'elle m'aimait bien », répond Bertrand sur un mode évasif. Mais s'il y a une chose dont il est sûr c'est qu'elle l'aimait.

« Tu m'écrivais presque tous les jours, tu ne m'en as jamais parlé.

– Qu'est-ce que cela aurait changé ?

– Rien, sans doute.

– Ecoute, c'est si loin...

– Ce n'est pas le problème !

– Quel problème, ne sois pas ridicule, j'ai eu il y a presque vingt ans une aventure à quinze mille kilomètres d'ici. Je ne te demande pas ce que tu as fait pendant ce temps, je ne t'ai jamais rien demandé, il n'y a pas de problème, il n'y a jamais eu de problème... »

Elle répète, comme pour elle-même, « Béryl », regarde la photo avec attention, scrute les traits de la petite Malgache qui avait vingt ans lorsque la photo a été prise.

« Au moins tu n'avais pas trop mauvais goût. » Son ton est toujours glacial, teinté d'une ironie amère.

« Ne me dis pas que tu n'as pas eu de petit ami à cette époque.

– Non, je ne te le dis pas. »

Elle se lève, jette la photo de Béryl parmi les autres étalées par terre.

« Ecoute...

– Je ne te reproche rien, n'en parlons plus, tu l'as dit, il n'y a jamais eu de problème ! » Et elle sort de la pièce droite, le menton levé, la bouche pincée, elle se dirige vers la salle de bains.

Bertrand soupire et ramasse la photo de Béryl. C'est vrai, il n'a jamais été vraiment amoureux d'elle. Il n'a jamais été amoureux d'aucune autre femme, il ne le sera jamais.

« O herbes, ô fougères, la bien-aimée aux yeux de jais qui baigna son ombre dans l'étang aux libellules, est-elle passée par ici ? »

Le hain-teny de Rabearivelo ou de Paulhan lui revient à l'esprit. C'est Béryl qui lui a fait découvrir les hain-teny, elle ne lui a pas fait découvrir seulement la poésie, elle lui a fait découvrir son pays ou plutôt elle l'a présenté à son pays comme on présente un fiancé à sa famille. Elle l'a fait admettre à une cérémonie rare, un « Fahamadina », où toute une parentèle se retrouve pour changer le linceul de ses morts, et puis pour festoyer et danser. Elle lui a montré les vallées et les rivières, les terres rouges des hauts plateaux, les forêts où des cascades sont dissimulées par de grandes fougères, elle lui a montré le ciel qui change brusquement, en plein après-midi, passant du bleu au noir, et la mousson qui se déverse sur les sept collines de Tananarive, ravinant les falaises, emportant la végétation et révélant la craie du sol, blanche comme les ossements d'un mort. C'est Béryl qui lui a montré les fleurs mauves et bleues des jacarandas qui jonchent les rives du petit lac, après la pluie, comme un tapis d'où émane pendant quelques instants un parfum qui fait tourner la tête. Béryl qui attendait que le ciel soit noir et la lumière presque disparue pour se dévêtir.

Aurait-il pu lui raconter tout cela ?

L'a-t-il moins aimée pour cela ?

« Je ne te reproche rien », a-t-elle dit, mais l'attitude de tout son corps et l'inflexion de chacun de ses mots est un reproche et il sait que, pour elle, reproche signifie vengeance.

Il regarde la photo de Béryl, ses yeux étonnamment étirés vers les tempes, sa peau brune d'un léger hâle naturel, son cou si mince, ses lèvres... c'est vrai qu'elle était belle.

Aujourd'hui elle doit avoir quatre enfants, vingt kilos de plus, une permanente, et elle doit porter des tailleurs copiés sur les modèles de vieux magazines de mode.

Bertrand laisse retomber la photo aux côtés de Samarandy, de Nonnenmacher et d'André Brun. Au côté du jeune soldat aux joues creuses qui porte le béret rouge du 13e B.P.I.M.A., les paras de la « coloniale », qui tente de prendre un regard dur mais qui ne parvient qu'à sembler ironique. Ce jeune garçon qu'il n'est plus depuis longtemps... C'est si loin... Mais la photo le fait penser à Jean-Pierre. Que devient-il ? Dans quel pays le paie-t-on pour faire la guerre et tuer des hommes ? Il a, depuis le Biafra, la réputation d'avoir la baraka, dès qu'il est engagé dans une équipe, les candidatures affluent.

La dernière fois qu'il a entendu parler de lui, il était aux Comores. A vingt hommes et un ancien officier français, ils ont renversé un dictateur local et en ont installé un autre qui, avec prudence, les a conservés autour de lui, comme sa garde personnelle, les comblant de cadeaux et de largesses.

Bertrand avait reçu une carte postale de Moroni, la

capitale, sans signature, avec ces seules phrases : « Je m'embourgeoise, je m'ennuie, je ne vais pas rester longtemps. »

Il l'envie parfois, Jean-Pierre, son univers se réduit à des camarades qui le plus souvent ne parlent pas sa langue, des Irlandais, des Sud-Africains, à un sac de couchage et à un fusil mitrailleur. Son temps s'écoule en d'interminables attentes silencieuses et anxieuses, des heures et des heures, comme Bertrand peut attendre son dealer, suivies de quelques secondes d'une extrême violence, quelques secondes pas plus, comme le flash de l'héroïne.

Il ne craint pas la mort, ni la sienne ni celle des autres, il la donne. Toujours pour de l'argent, jamais contre ses convictions, mais ses convictions sont simples et son argent ne dure pas longtemps. Dans son esprit, les choses sont claires. A chaque fois il repart de zéro, il remet tout en jeu. Il n'a aucune attache, pas de famille. Bertrand est sans doute son seul ami bien qu'ils ne se soient vus que trois ou quatre fois en près de vingt ans. Il semble n'avoir ni regrets ni souvenirs, seul pour lui existe le jour qui va se lever, l'homme vers lequel il pointe son arme. Il a reçu une balle en pleine tête et il n'est pas mort. A ses propres yeux, il n'a jamais fait de mal, il n'a jamais trahi, jamais hésité, jamais renié. On le paie, s'il est d'accord il part, il s'est battu avec des miliciens chrétiens au Liban, avec des musulmans au Yémen, contre des soldats zambiens encadrés par des commandos bulgares qui voulaient envahir une région minière du Zaïre, contre des hommes venus du désert libyen, au Tchad.

Il a tué, il a appris à des centaines d'hommes à manier un fusil, lancer une grenade, poser des explosifs, monter des embuscades, égorger une sentinelle, marcher des heures sans boire, écouter les bruits de la nuit. Il a aussi appris à panser une blessure, faire une piqûre de morphine, arrêter une hémorragie, investir un village, administrer une population, creuser des points d'eau.

C'est un excellent professionnel, il a reçu une formation technique complète. Il a une grande expérience du terrain, des références particulièrement élogieuses. Lorsqu'il a fait sa connaissance, Bertrand éprouvait du respect et même une certaine admiration. Maintenant, oui, il l'envie.

8

Le Dr Platz regarde Bertrand avec une sorte de surprise dubitative.

« Je me sens mieux, lui a dit Bertrand, j'ai l'impression que les choses se remettent en place dans mon esprit, reprennent une cohérence ; j'ai encore du mal à supporter cette sensation d'angoisse que je connais bien, qui me noue la gorge et me pèse sur la poitrine, mais j'ai l'impression d'y voir plus clair ou en tout cas de ne plus être complètement dans la brume qui, ces derniers temps, recouvrait tout. » Le Dr Platz a une moue ; il marmonne une réponse encourageante, comme s'il n'y croyait pas.

« Peut-être que les antidépresseurs commencent à faire de l'effet », suggère Bertrand qui n'en croit pas un mot mais sent qu'il faut laisser au médecin le bénéfice de l'amélioration. Mais cela ne semble pas vraiment plaire au Dr Platz qui hoche la tête d'un air mi-encourageant mi-réticent.

« Il ne faut pas aller trop vite », répondit-il. Trop vite ? Mais combien de temps cela doit-il durer ? pense Bertrand, faut-il arrêter de compter les mois et penser en années ?

Devant la réaction et l'attitude du médecin, le découragement l'envahit ; il y a un instant, il commençait à oser penser au jour où il pourrait retourner à l'extérieur, à vivre dans un nouvel endroit, à voir ses filles. Maintenant, ce qui lui vient à l'esprit s'inscrit dans sa tête comme une phrase claire : « A ma prochaine sortie, j'achète un gramme de poudre, une bouteille de whisky, une boîte de somnifères et j'avale tout... » Il a cependant la force d'esquisser un demi-sourire. « Je sais, je sais, dit-il, les gens dans mon genre restent fragiles ; rechute, dérapage, l'expérience le montre... » Il a l'impression qu'il faut jouer un certain jeu avec les médecins, avec toute l'équipe, les stagiaires, les infirmiers, même la masse des malades... il n'y a qu'Helga, elle ne délire plus depuis ses électrochocs et elle ne cesse de lui répéter lorsqu'elle le croise : « Mais qu'est-ce que vous faites ici ? Vous ne débloquez pas comme moi ! »

Platz poursuit : « Vous ne participez à aucune activité, vous me paraissez encore très renfermé, très déprimé. »

Des activités ? mais quelles activités ? peinture sur carton, atelier de terre cuite ou escalade ?

« Vous vous tenez à l'écart des autres, je crois que vous avez un problème d'image. »

Un problème d'image ? Ça, oui, il a un problème d'image, vieux, en pyjama d'hôpital, ruiné, assommé de médicaments, sans espoir, sans perspectives... Quelle image a-t-il de lui-même, quelle image donne-t-il aux autres ? Il voudrait bien la changer son image, mais ce n'est pas dans le sens qu'entend le médecin qui continue : « Vous refusez de participer aux réunions "soignants-soignés". Des réunions qui ont lieu une fois par mois et où se retrouvent patients et personnel médical autour d'un psychiatre qui oriente la discussion. On y parle des rapports des uns et des autres, des problèmes du service, des disputes, de l'amélioration du menu...

– Je n'ai rien à y dire, répond Bertrand. Qu'il y ait du poisson plus souvent ou qu'on interdise de fumer devant la télévision...

– Peut-être vous sentez-vous au-dessus des autres ? » avance le médecin.

Au-dessus des autres ? Dieu vivant ! lui, en ce moment... il se sent au-dessous du tout, écrasé, humilié, vaincu !...

« Et le séjour thérapeutique que l'on vous a proposé ? »

Cinq jours de promenade en Normandie, en pleine campagne, balades, visites, pique-nique, dîners à thème, chansons, ambiance garantie... cinq ou six patients et trois infirmiers particulièrement dynamiques. Bertrand a refusé, il n'a jamais aimé voyager en groupe, il préfère être seul, il a toujours préféré être seul... et puis peut-être veut-il recommencer à faire ce qu'il veut, quand il veut, où il veut et il comprend soudain que c'est cela, justement, que les médecins ont du mal à accepter ; ils ne le considèrent pas encore comme « stabilisé », ils n'envisagent pas sa guérison et ils considèrent qu'il refuse le processus thérapeutique de « réhabilitation ». Bertrand ne se confie pas aux psychiatres : Il sait que tout ce qu'il peut espérer, c'est d'être en convalescence et de tenir un jour après l'autre. Rechuter ? cela peut arriver, cela pourra être dramatique ou bien cela ne sera qu'une parenthèse de quelques heures. Qui peut prévoir ? Mais il veut maintenant échapper au corps médical qui l'enserre, il veut prendre ses médicaments sans qu'une infirmière exige qu'il le fasse devant elle, et il sent que tout cela ne plaît pas.

Peut-être est-ce à juste titre ? Platz craint une rechute possible, il est surpris par ce retour intermittent d'énergie, par cette démarche un tout petit peu plus assurée, ce dos un tout petit peu moins voûté.

On signale ses nuits blanches et son manque d'appétit comme autant de signes suspects, mais à l'hôpital on ne mène pas une vie normale !

Bertrand n'a jamais mené une vie normale !

Depuis plusieurs mois on lui donne un médicament de « substitution » pour qu'il ne soit pas tenté lors de ses rares permissions de racheter de la drogue. Le médicament procure un confort physique et, en effet, Bertrand ne pense plus à l'héroïne, il n'en a plus besoin, mais ce médicament n'est qu'un opiacé de synthèse, une drogue comme les autres, remboursée par la Sécurité sociale et distribuée le matin par les infirmières. On en devient dépendant comme d'une autre drogue ; Bertrand souhaite que l'on diminue progressivement ses doses, il ne veut pas en prendre toute sa vie, il ne veut pas remplacer les dealers par des psychiatres.

Bertrand a demandé au Dr Platz : « Je voudrais, au lieu de deux comprimés le matin, n'en prendre qu'un seul », puis il a ajouté : « Mais j'aimerais conserver le second comprimé pour pouvoir le prendre dans le cas où je ne me sentirais pas bien !

– Ah non, ça n'est pas possible, a répondu Platz. Il faut tout prendre en présence de l'infirmière et ne rien conserver sur vous.

– Mais pourquoi ? Que craignez-vous ?

– Que vous fassiez du trafic », a répondu le médecin.

« J'ai eu vingt-six ans ce matin », lui a dit Nathalie sur un ton uni comme si elle lui avait annoncé qu'il y avait du rôti de dinde pour le déjeuner.

Bertrand a eu le cœur serré. Nathalie est transformée, son nouveau traitement la maintient dans une indifférence atone, dans l'écoulement inutile de journées identiques, dans l'absence absolue de perspective.

Elle se bourre de chocolats et de bonbons, elle a engraissé de dix kilos, son visage est bouffi, ses cheveux ternes, qu'elle laisse repousser, l'enlaidissent.

Vingt-six ans, c'est exactement l'âge de la fille aînée de Bertrand qui, après des études réussies, a un travail intéressant, gagne sa vie, habite son appartement, semble heureuse avec le garçon qu'elle a choisi. La cadette, qui n'a que dix-huit ans, a eu la semaine dernière son premier chagrin d'amour.

L'univers déjà borné de Nathalie se réduit comme une peau de chagrin, son esprit tourne au ralenti, ses mouvements sont prudents comme ceux des vieillards. Elle ne se déplace presque plus. Pour aller où ? Pour faire quoi ?

Elle ne semble même plus avoir en mémoire les souvenirs douloureux qui la poussaient à la rage, à la mutilation...

Son avenir est tellement vide qu'elle ne doit même plus être capable de le concevoir, elle n'est plus en mesure d'éprouver sentiments ou envies. Ses seules satisfactions consistent à avaler du chocolat, encore et encore... Elle ne se rebelle plus, elle ne tente même plus de se suicider.

Lorsque Bertrand accroche son regard, il pense à ses filles, à leurs reproches, à leurs rires et leurs moqueries, à leurs problèmes, à leurs envies, aux déceptions qu'elles éprouvent, aux succès qu'elles remporteront. Il pense surtout aux drames qu'elles ont vécus, la mort de leur mère, l'effondrement de leur père. Mais il ne peut pas comparer malgré ce qu'elles ont subi. Ses filles vivent, Nathalie, elle est déjà presque morte.

Il n'a même plus la force de prononcer les paroles de réconfort ou d'encouragement, ces paroles que pendant un temps Nathalie recherchait. Il n'a même plus le courage de lui manifester son affection tant elle lui paraît, en ce moment, incapable de ressentir quoi que ce soit.

Au premier étage du *Flore*, Bertrand feuillette *Le Monde*, ou plutôt il étend devant lui les pages du quotidien pour qu'on ne remarque pas que, par moments, ses yeux se ferment à demi. Il ne se souvient même plus de ce qu'il a pris, un peu de poudre sans doute, pas beaucoup, mais des comprimés de somnifère, beaucoup... et un peu d'alcool. Il tient encore debout, n'arrive pas à plonger dans l'oubli. Les titres des articles se brouillent devant ses yeux, les lettres se dédoublent, les textes ne sont plus que de vagues taches grisâtres. De toute façon, ce qui se passe dans le monde l'intéresse de moins en moins, crises, guerres, révolutions, famines, épidémies, campagnes politiques... Il a l'impression de revoir « en boucle » une vieille bande d'actualités ressassant les mêmes drames, montrant les mêmes visages ; les déclarations des responsables politiques sont identiques, trompeuses, ne trompant plus personne...

S'il est entré au *Flore* c'est parce qu'au premier étage, l'après-midi, la salle est presque déserte, les banquettes y sont confortables et les garçons qui le connaissent bien n'interviendront pas s'il s'assoupit un peu.

Devant lui un café, froid, qu'il n'a pas touché et un cendrier plein de mégots qu'on lui a déjà discrètement changé.

Une heure à peu près se passe, Bertrand se reprend, passe de l'eau sur son visage, arrange ses vêtements froissés, commande un autre café qu'il boit brûlant cette fois.

A l'autre extrémité de la pièce, un couple se parle à voix basse. Plus près, une étudiante révise un cours, en face trois hommes parlent affaires, chiffres, promotion, publicité, lancement...

Un homme dont le visage lui dit quelque chose mais dont il a oublié le nom s'approche de lui. « Bertrand ! Cela fait une éternité... Que deviens-tu ? » Bertrand fait un geste vague. L'homme s'installe et d'après sa conversation Bertrand comprend qu'il s'agit d'un reporter qu'il a croisé deux ou trois fois il y a des années.

Il n'a aucune envie d'évoquer des souvenirs d'ancien combattant, de parler « métier ». Il ne supporte plus aucune présence. Il est seul, se sent seul, se veut seul.

Le reporter commande un demi dont l'odeur donne la nausée à Bertrand qui s'apprête à se lever, bredouillant une excuse, tentant de conserver l'équilibre.

Le reporter le retient par la manche, achève de raconter une interminable histoire d'attente sur le perron d'un ministère dont l'intérêt échappe totalement à Bertrand, puis il poursuit : « A propos ! Tu sais ce connard qui avait été blessé au Biafra... une balle entre les deux yeux et il s'en était tiré... un vrai dingue... Tu vois qui je veux dire ? »

Bertrand fait un geste d'ignorance : « C'est si loin.

– Mais voyons, tu t'en souviens...

– Et alors ? demande Bertrand.

– Eh bien, il est mort, il y a un an, en Angola. J'ai appris ça récemment par un type qui en revenait. Il a sauté sur une mine, tu te rends compte, survivre à une balle en pleine tête et se faire sauter en manipulant une petite mine de rien du tout, quel con ! »

Bertrand s'éloigne en se tenant au mur, il s'enferme dans les toilettes et est pris d'une irrépressible nausée. Son estomac se vide de tout ce qu'il a ingurgité, café, alcool, médicaments. Il passe plusieurs minutes à genoux, incapable de se relever ; enfin il peut se mettre debout, essuie les dégâts, tire la chasse d'eau et descend lentement l'escalier du *Flore*. Son état ne semble pas alarmer le patron qui lui serre la main avec un sourire ; un garçon lui ouvre la porte de la rue.

Bertrand s'éloigne, pas après pas, comme s'il était épuisé par une longue course, il marche droit devant lui, heurte une femme, s'excuse, continue. Il ne sait pas où il va, il ne sait pas où il veut aller, il voudrait dormir, dormir, dormir. Il n'a pas le courage de rentrer chez lui, pas dans cet état, il se souvient de l'adresse d'un vieil ami, à deux pas, sonne, prononce son nom dans l'interphone. « Qui ? répond l'ami.

– Bertrand, laisse-moi monter.

– Bertrand ? Bien sûr je t'ouvre... »

Il pénètre dans l'appartement, l'ami le regarde effaré.

« Tu veux que j'appelle un médecin ? Tu veux que je te conduise à l'hôpital ?

– Je voudrais dormir quelques heures », dit Bertrand.

L'ami le conduit dans une chambre, l'aide à s'allonger.

« Qu'est-ce que tu as pris ? » Bertrand fait un geste vague. « Dans une heure ou deux cela ira très bien. Il faut que je dorme...

– Bon je te laisse. »

Bertrand entend l'ami téléphoner, demander conseil, revenir. « Repose-toi, on verra après... »

Bertrand ferme les yeux, il revoit avec une netteté parfaite le visage de Jean-Pierre éclairé par la flamme de son briquet lorsqu'il allumait une cigarette dans le DC3 bourré de grenades.

« C'est si loin », dit-il. « Comment ? » Bertrand ne s'est pas rendu compte qu'il parlait à haute voix, il ajoute, se sentant incohérent : « Lui, il avait mis sa peau sur la table.

– Essaye de dormir », répond l'ami de plus en plus inquiet.

Bertrand tout à coup ressent cette sensation qu'il connaissait si bien, qui lui nouait la gorge et opprimait sa poitrine, cette angoisse qui l'investissait lorsqu'il était confronté à la mort, la sienne ou celle des autres.

Il revoit Ferber en blouse tachée de sang, sa rage, sa colère devant les souffrances qu'il ne pouvait soulager.

Il revoit Jean-Pierre ouvrant les yeux entouré de réfugiés biafrais, sortant du coma, il revoit les files d'enfants abandonnés, les jambes couvertes de plaies où s'agglutinaient les mouches, il revoit le regard des deux hommes qu'on a emmenés et qu'il a frôlés dans l'hôtel de Kampala, il revoit les Kurdes en pantalon noir s'effondrer au bout de la piste, il revoit le marin blessé sur le cargo qui remontait le Mékong, le pilote israélien dont on avait bandé les yeux, le regard impénétrable du jeune Cambodgien racontant comment les Khmers rouges enfilaient des sacs de plastique sur la tête des bonzes.

Il revoit Elsa et la Marquise, les convulsions du dealer, l'air rusé du chauffeur du Chiengmai, les gardes rouges qui chantaient « Longue vie au Président Mao ». Il revoit le boy-pipe qui lui a confectionné sa première boulette d'opium.

Et puis il la revoit, Elle, sortant de l'eau, le corps luisant de gouttelettes sur une plage de Grèce, ses yeux qui s'étaient éclairés lorsqu'ils s'étaient retrouvés à Saigon, ses yeux durs sur la photo qui le trouble tant, son visage confiant, son visage hostile, son visage inquiet lorsqu'elle avait fumé pour la première fois. Il revoit sa silhouette dans les ruines du Père-Lachaise. Il la revoit l'entraînant, comme une gamine faisant une escapade, vers un hôtel au milieu de l'après-midi, comme une femme s'essayant à un rôle, comme une comédienne jouant une scène d'adultère.

Il revit leur dernière étreinte, il y a quelques jours, et l'acharnement presque désespéré de ses gestes, il revoit la robe qu'elle portait la dernière fois qu'ils sont sortis ensemble, une robe aux tons d'automne, imprimée de feuilles noires.

Il revoit son visage éclairé par les derniers rayons du soleil qui éclairaient les colonnes du temple de Zeus au cap Sounion, le ciel mauve et rose comme celui de Phnom Penh. Il se souvient avoir pensé qu'il aurait fallu inventer un autre mot que beauté pour la décrire.

Il la revoit enfin, hier matin, brossant ses cheveux, enfilant son long manteau noir, mettant ses lunettes de soleil pour cacher son regard fatigué, il la revoit quittant l'appartement et fermant d'un coup sec la porte.

Elle est morte hier.

Après quelques semaines d'hospitalisation, Bertrand s'est rendu compte que, volontairement ou non, il ne retenait aucun nom, ni ceux du personnel médical, ni ceux des patients. Il les identifiait par un surnom, un sobriquet, une phrase entière parfois.

Comme s'il ne voulait pas, comme s'il ne pouvait pas les considérer en individus particuliers mais en êtres dotés de certaines caractéristiques. Comme s'il s'agissait d'une pièce de théâtre où apparaissent l'ingénue, la soubrette, le barbon, l'amant, le jeune premier, le laquais... Sans doute était-ce une manière de refuser son propre rôle, celui de patient, et de se situer à l'extérieur du lieu où les événements l'avaient mené. De garder une distance, d'éloigner une fois encore le réel. Il agissait en voyeur, ne voulant pas être acteur d'un rôle que son esprit trouvait insoutenable.

Il y avait ainsi « Marie Quillouch », la Bretonne au nez pointu, « Mac Do », le Guadeloupéen, « Porcelaine », l'aide-soignante à la peau translucide, la « Picarde », solide et robuste, la « Souillon », la « Folle », un infirmier exagérément efféminé, « Mille tresses », l'Antillaise à la coiffure particulière, la « Femme-banane », une autre Antillaise au teint plus jaune, « Mylène Farmer », l'infirmière au chignon volontairement hérissé ; parmi les patients il y avait « la-fille-qui-dort-sous-le-lit », une jeune femme quasiment muette qui, Dieu et les psychiatres seuls savaient pourquoi, préférait s'étendre sur le sol plutôt que sur son matelas, « Paulette », vivant portrait d'une héroïne de bande dessinée du même nom, plantureuse, provocante mais naïve et vertueuse, qui échappait à mille turpitudes, le « Prestidigitateur », un Algérien expert en tours de cartes et qui parfois se taisait et penchait la tête « pour écouter les voix qui lui parlaient », le « Nazi », un Allemand obèse, agressif et malodorant, « Brel », un Belge qui rêvait, à quarante ans, d'entamer une carrière de chanteur, « Johnny », le clochard alcoolique, qui énumérait ses séjours au commissariat comme autant de faits d'arme, fan de Johnny Hallyday, les « Jumelles », deux filles identiques au physique tellement ingrat que Bertrand avait cru halluciner en les voyant en double exemplaire, l'« Emmerdeur », un cadre qui dix fois par jour changeait d'avis, voulait sortir, voulait rentrer, faisait et défaisait sa valise, réclamant une cure d'électrochocs qui le terrorisait et qu'il refusait de commencer. Le « Parano », qui prétendait connaître tous les dirigeants du monde et même tutoyer la reine d'Angleterre, alors que le tutoiement n'existe pas en anglais. « Onze heures-midi », la patiente qui répétait à l'infini cette phrase : « Il est onze heures-midi, je peux mettre la table ? », la

« Prisonnière », une étudiante algérienne seule, sans ami, surmenée qui, un soir, était venue demander de l'aide mais qui, refusant avec véhémence l'injection que l'interne de garde voulait lui administrer, avait été jugée trop « agitée » pour être renvoyée chez elle, pouvant selon les termes administratifs « être un danger pour elle ou son entourage » et qui était restée trois semaines en « placement d'office ».

« C'est Kafka, se plaignait-elle à Bertrand qui lui conseillait de moins manifester son indignation.

– C'est aussi Hellzapoppin, avait répondu Bertrand.

– Mais je ne suis pas folle.

– Sans doute, encore que ce soit un mot que l'on n'emploie pas ici, mais, ici, ce n'est plus à vous d'en décider. » Il y avait aussi le « Caissier », un Nigérian amnésique qui ne se souvenait que de son métier, « Banzaï », le Japonais, qui courait dans le couloir. « Front national », membre d'une secte coréenne et admirateur de Le Pen.

Une interminable liste d'acteurs et d'actrices que le hasard, la maladie, la vie, avaient conduits dans ce service, dans ce décor aseptisé, aux portes closes, aux fenêtres grillagées, aux murs ternes décorés d'étranges reproductions de toiles abstraites, censées, sans doute, mettre une note de couleur et de gaieté, mais ne parvenant qu'à souligner la grisaille.

Un décor où Bertrand refusait de s'insérer comme il refusait entretiens et contacts thérapeutiques. Où il savait devoir rester longtemps, repoussant de toute l'énergie dont il était capable le moment d'affronter réalité, bilan, perspectives... et surtout souvenirs.

Un matin est arrivée à l'hôpital, encadrée de deux infirmiers qui faisaient presque le double de sa taille, une très jeune fille d'origine asiatique. Frêle, menue, discrète, souriante, semblant s'excuser de déranger le personnel qui sortait des bureaux, remerciant l'infirmière qui lui indiquait sa chambre, s'écartant devant les patients qu'elle croisait dans le couloir, s'inclinant comme devant un présent alors qu'on lui amenait le pyjama bleu dans lequel elle allait vivre.

Elle devait avoir tout au plus vingt ans, les cheveux courts, les traits fins, répondant avec amabilité aux questions qu'on lui posait jusqu'à ce qu'Helga qui, si elle ne délirait plus depuis ses électrochocs, avait conservé son franc-parler et exprimait sans détour ses impressions et ses interrogations, lui avait demandé pourquoi elle était là alors qu'elle semblait ne pas « débloquer ».

La jeune fille alors avait regardé Helga avec un air de surprise, de tristesse ou plutôt d'incompréhension, comme ces blessés et ces réfugiés que Bertrand avait croisés, et elle n'avait rien répondu. Plus rien, soudain, ni à Helga ni aux autres, se murant dans un silence navré, paraissant regretter de ne pouvoir donner d'explications, de ne pouvoir satisfaire la curiosité qu'elle suscitait. Comme si la question d'Helga avait bloqué quelque chose, lui ôtant la parole, la réflexion, la conscience.

Plusieurs jours s'étaient écoulés sans qu'elle prononce

une seule syllabe, elle suivait simplement les mouvements des autres, de la chambre à la salle à manger, de la salle à manger au couloir, s'asseyant comme tout le monde, fixant le mur pendant des heures. Les infirmières lui accordaient une attention toute particulière, ne la laissant jamais seule, ne la quittant pas du regard.

Bertrand l'avait surnommée « Phnom Penh », du nom de la capitale cambodgienne à laquelle elle le faisait songer et où il avait fumé sa première pipe d'opium.

Un jour elle lui avait adressé la parole sans même qu'il la questionne. Elle lui avait dit : « Je faisais du babysitting et en donnant le bain à un bébé de quelques mois je lui ai plongé la tête sous l'eau et je l'ai noyé. »

Puis elle était retombée dans son silence, incapable d'expliquer à qui que ce soit, et surtout à elle-même, la raison de ce geste.

Il est minuit, les derniers invités arrivent. Dans l'appartement une trentaine de personnes sont réunies. Ce sont tous des amis, des amis le plus souvent perdus de vue depuis longtemps mais qu'Elle a tenu à revoir, c'est une pendaison de crémaillère à l'envers car dans un mois l'appartement sera vendu.

Ils vont déménager, et, plutôt que de se laisser aller à la nostalgie, Elle a voulu fêter l'événement. Toutes les lampes sont allumées, des bougies odorantes parfument l'atmosphère ; sur la table de marbre s'amoncellent piles de petits-fours et bouteilles d'alcool. De la musique, des rires, de la lumière... on plaisante, on s'embrasse, on se retrouve... des couples dansent, discours animés, évocation de souvenirs, projets, congratulations, félicitations... « Tu n'as pas changé... » « Toujours aussi belle... » Une grande Scandinave très entourée boit beaucoup et rit trop fort quand un audacieux lui caresse le dos qu'une robe très échancrée découvre... « Son dernier livre... » « Ton prochain film... » Une amie médisante chuchote des ragots. « Ils ont failli divorcer lorsqu'elle a découvert qu'il la trompait avec sa sœur... je l'ai rencontré avec une gamine qui aurait pu être sa fille... » Exclamation de surprise à l'arrivée d'un retardataire :

« Je te présente Nadine, je me suis permis de l'amener pour lui faire oublier les bombes, elle vient de Beyrouth...

– Mais on s'amuse encore beaucoup... », proteste la Libanaise surchargée de bijoux.

Dans la chambre un couple s'est isolé ; près de la fenêtre entrouverte, pour qu'on remarque moins l'odeur, deux anciens contestataires, devenus respectables, se passent un « joint », comme au bon vieux temps.

Elle rayonne, va de l'un à l'autre, belle comme jamais, les yeux brillants, un peu trop. On échange des adresses, des nouvelles des enfants, « Quatorze ans ? mais c'était hier... » « Il faut absolument que tu viennes voir le moulin que j'ai acheté et que je retape... »

Tout scintille, chacun s'agite, chacun sourit ; compliments, champagne, on manque de glaçons pour le whisky, on augmente le son d'un air des Stones, *Sister Morphine*. « Tu te souviens ? » La gaieté règne. Elle rit d'un rien, accepte les hommages et les embrassades, semble épanouie, insouciante, toute à la fête et au plaisir.

Pourtant tout est faux, tout. Bertrand le sait, Elle le sait.

C'est un spectacle, une dernière représentation, une unique et ultime reprise, dans un décor reconstitué à la hâte, avec des figurants inconscients, les fantômes d'une époque disparue.

Bertrand s'isole dans la salle de bains pour recourir à son petit paquet de papier plié, s'aperçoit qu'Elle y a déjà puisé.

Elle a préparé cette fête depuis un mois, téléphonant à tous ses amis, à tous ceux qui étaient leurs amis il y a longtemps.

La fête continue, Bertrand ne peut faire autrement que d'y participer, retrouvant de vieux automatismes, effusions amicales, phrases séductrices... Lui aussi tient son rôle et il le tiendra jusqu'au bout, pendant toute une nuit, mais pas plus.

Elle a voulu, caprice, nécessité, exigence en tout cas, revivre une nuit comme si rien n'avait changé, comme si Bertrand n'avait pas changé.

Bertrand a l'impression d'assister à la projection d'un vieux film, aux couleurs trop vives, aux dialogues un peu faux.

Elle a ressorti une robe de cocktail du fond d'un placard, il a acheté une veste neuve. Ils ont rangé et nettoyé l'appartement, elle est allée chez le coiffeur, s'est maquillée avec soin, effaçant les cernes qu'elle a sous les yeux.

Bertrand l'a vue comme elle était avant, aussi belle, aussi gaie, aussi entourée, aussi insouciante.

La fête continue, les verres circulent, la musique augmente, les lumières baissent ; on ne danse plus mais on se serre sur le divan, on s'assied sur la moquette autour du fauteuil où trône la blonde Scandinave qui continue à boire, les cendriers débordent, les assiettes sales s'amoncellent, les heures passent, la nuit passe, puis lentement, en groupe ou en solitaires, les invités s'en vont... ne restent que deux ou trois intimes pour une dernière coupe, de dernières effusions... quelques minutes supplémentaires d'illusion...

Enfin Bertrand entreprend de remettre un peu d'ordre, d'effacer les traces, empile la vaisselle, vide les cendriers.

Elle s'est allongée sur son lit, immobile, les yeux clos, épuisée, lorsque par instants ses paupières s'entrouvrent, ses yeux brillent toujours, mais de larmes contenues ; la musique est éteinte, le silence règne.

Bertrand, à son tour, s'étend sur le canapé, il sait que sa présence ne la réconfortera pas ce soir.

La fête est bien finie. L'aube pointe, grise et froide, une pluie fine fait luire les toits. L'appartement est dévasté ; les bougies ont laissé des taches de cire, il faudrait passer l'aspirateur, faire la vaisselle, remettre les meubles en place, affronter le jour qui vient. Le paquet de papier plié est vide, il faut attendre dans l'anxiété, l'impatience, la mauvaise conscience, sans énergie, sans force, guetter les premiers signes du malaise inéluctable qui se rapproche et qu'on imagine avant même qu'il se manifeste. Attendre... Attendre quoi ?

Elle a voulu, elle a paru, elle a brillé, elle a donné aux autres autant qu'à elle-même, à ses amis autant qu'à Bertrand, une image. Comme elle aurait choisi dans un album une photo particulièrement réussie !

Dans un mois il faudra emballer les vêtements, transporter les meubles, fermer des valises, se débarrasser de tout ce qui encombre inutilement les placards, tout ce qui s'est accumulé, tout ce qui évoque un voyage, un été, un passé, et qu'il faut faire disparaître aujourd'hui, ne rien conserver, surtout ne rien conserver qui pourrait raviver un regret, faire renaître un souvenir, tourner une page, fermer une porte... repartir... où ? comment ? pourquoi ?

Elle ne dort toujours pas, encore habillée, dans la position qu'elle a prise en s'allongeant, murée, muette.

Et Bertrand lui aussi demeure immobile, gorge nouée et angoisse étreignant la poitrine, cette sensation qu'il connaît si bien, qu'il a si souvent ressentie et surmontée tant de fois.

Deux jours et deux nuits d'insomnie plus tard, elle est sortie, sans un mot, sans un regard, il était neuf heures du matin. Elle s'est brossé les cheveux, a chaussé ses lunettes noires qui cachent ses cernes, elle a endossé son grand manteau de cuir et a claqué d'un geste sec la porte de l'appartement. Bertrand était seul, les filles au lycée.

Dix minutes plus tard, le téléphone a sonné. Une voix à l'accent étranger à prononcé cette phrase « Votre femme a eu un malaise » puis a indiqué l'endroit où elle se trouvait à cinq cents mètres de là.

Bertrand s'est précipité, a remarqué la voiture qu'elle avait prise garée en double file devant une brasserie déserte.

Elle était assise sur une banquette, au fond de la salle, le patron la surveillait d'un air soupçonneux. Elle avait retiré ses lunettes, ses yeux étaient fixes, sa peau presque grise.

« J'ai eu un étourdissement, un voile noir devant les yeux », a-t-elle eu la force de prononcer.

Bertrand a commandé un cognac et un sucre, l'a obligée à boire malgré le geste de refus qu'elle avait esquissé.

Puis, l'aidant à se lever, il l'a menée dehors, installée dans la voiture, démarrant presque aussitôt ; son aspect l'inquiétait mais il le mettait sur le compte de la fatigue, de la faiblesse provoquée par sa quasi-anorexie.

A peine avaient-ils parcouru quelques mètres qu'il vit son corps se tendre brutalement en arrière, tétanisé, en arc de cercle, ne reposant que sur les talons et la nuque. Il a hurlé son nom, elle s'est affaissée sur le siège, agitée de spasmes. Bertrand, submergé par une vague d'effroi, a accéléré, provoquant presque un accident, en direction d'un hôpital. Il a forcé l'entrée, tambouriné à une porte fermée, gesticulant pour attirer l'attention de deux infirmiers qui finirent par sortir.

« Vite, leur a-t-il crié, ma femme est en train de mourir. »

En prononçant cette phrase il eut la conviction que dans l'inconscience où elle plongeait elle l'avait perçue et comprise.

On amena un brancard pour l'y allonger, une jeune femme médecin de garde fut appelée, tenta de la réanimer, lui fit une injection sans doute pour soutenir son cœur, se pencha vers elle et prononça son nom, imitée par Bertrand.

Ses paupières cillaient imperceptiblement mais elle resta inanimée.

La jeune femme expliqua quelque chose dont Bertrand

n'entendit que trois ou quatre paroles : « ...troubles de la conscience... Samu... urgence... réanimation... »

Bertrand prononça encore son nom, ses cils ne bougeaient plus.

Il sut qu'elle était perdue, que ce qu'il avait hurlé aux infirmiers pour attirer leur attention était la vérité.

Elle était entourée de blouses blanches, la jeune femme contrôlait sa tension, une standardiste venait de contacter le Samu... Elle était en train de mourir, et Bertrand ne supporta pas de la voir dans cet état ; par peur, par manque de courage, se sentant impuissant, il l'abandonna une première fois.

Rentré à l'appartement, il conduisit les filles chez leur grand-mère, tentant de les rassurer sans y parvenir tout à fait, puis téléphona à l'hôpital. On le mit immédiatement en contact avec le chef de service qui le pria de venir au plus tôt. Il retourna à l'hôpital, fut introduit dans un bureau où le médecin, sans précautions oratoires ni périphrases, lui expliqua l'état dans lequel elle se trouvait. Bertrand perçut les mots « rupture d'anévrisme, hémorragie cérébrale, coma dépassé ». Pour la forme il demanda : « Que va-t-il arriver ?

– La mort. »

Il sentit son cœur sauter une pulsation, son sang se figea, se retira de son visage, ses mains tremblaient.

Il ne demanda pas d'explications, ne se raccrocha pas à d'inutiles espoirs. Pendant une minute ils ne parlèrent ni l'un ni l'autre, ni Bertrand qui savait déjà, ni le médecin qui évitait d'inutiles mots de compassion. « Puis-je la voir ? » demanda Bertrand. Le médecin le conduisit, traversant le long couloir du service, vers une pièce sans fenêtre, à l'air climatisé.

Elle gisait, là, sur une sorte de table métallique munie de roues, entièrement nue, le visage figé, inexpressif, les yeux clos, les cheveux rejetés en arrière, seule, sans perfusion ni appareils de réanimation, tout était inutile... « coma dépassé »...

Dans la pièce voisine deux infirmières discutaient à haute voix, plaisantaient...

Elle n'était plus qu'un corps inerte, la poitrine imperceptiblement soulevée de respirations espacées.

« Votre présence n'est plus nécessaire », dit le médecin. Bertrand eut la tentation de protester mais comprenant son impuissance, à nouveau incapable de supporter l'image qu'il avait sous les yeux, ce corps qu'il avait tant aimé, d'où la vie se retirait, s'était déjà retirée, qu'il n'insista pas et l'abandonna à nouveau. Il rejoignit ses filles, l'aînée avait compris, la cadette refusait de parler de sa mère, refoulant inconsciemment son angoisse.

Lorsqu'elles se préparaient à se coucher, le frère de Bertrand, le médecin, qui avait été alerté, sonna à la porte et prononça d'une voix un peu trop forte : « Elle est morte. »

Bertrand était sûr que sa fille cadette avait perçu ces

paroles mais qu'elle les avait, là encore, refoulées, refusant de les admettre dans sa conscience.

Lorsqu'elles furent endormies, Bertrand hésita longtemps : devait-il, pouvait-il retourner à l'hôpital, contempler une dernière fois ce corps sans vie, veiller à ses côtés. Il n'en eut pas la force, mais eut, à nouveau, le sentiment de l'abandonner. Elle était morte ; quelle coutume, quel devoir, quelle bienséance pouvait lui imposer une douleur pareille ?

Bertrand resta éveillé toute la nuit, assis dans un fauteuil, parcouru d'ondes où se mêlaient souffrance, culpabilité, accablement, détresse... Il avait le sentiment d'être mort lui aussi, par moments, mêlé au désarroi, il ressentait une sorte de soulagement... Au moins lui serait épargnées l'altération, la dégradation, au moins elle ne verrait pas Bertrand s'effondrer encore plus, elle ne verrait pas son visage se marquer, sa détresse s'accentuer, son énergie disparaître. Ils savaient tous deux ce qui allait advenir et, au moins, elle ne le vivrait pas ; il ressentait aussi sa mort comme une sorte de trahison, tout cela se mêlait, se conjuguait, envahissait son esprit.

Lorsque les filles se réveillèrent et le virent encore habillé, toujours immobile, dans le fauteuil où il avait passé la nuit, la cadette enfin demanda : « Et maman ? – Elle est morte », ne put que répondre Bertrand. La petite recula d'un pas comme frappée au visage, puis cria, protesta, entrant dans une colère violente, lui reprochant de n'avoir pas su la sauver, la protéger. Enfin elle s'effondra dans les larmes en disant cette phrase : « C'est trop injuste, je n'ai que huit ans. » Elle aussi ressentait cette mort comme une trahison, un abandon, elle éprouvait les mêmes sentiments que Bertrand.

Dix ans...

Au cours de l'une de ces années, laquelle ? Elsa est morte d'overdose. On a retrouvé son corps dans les toilettes d'un restaurant élégant proche de la place de la Bastille. D'après un témoin son visage semblait tétanisé de douleur. Elle portait encore, fichée dans le bras, la seringue dont elle s'était servie.

Lorsque l'on parle d'overdose il ne s'agit jamais, pratiquement jamais, d'une dose excessive de drogue, il s'agit toujours pratiquement toujours de l'utilisation d'un produit frelaté, trafiqué, mêlé à n'importe quelle substance qui, injectée dans les veines, peut provoquer arrêt cardiaque, paralysie du système nerveux et des voies respiratoires, coma...

Deux cafés se font face dans cette rue de Boulogne, une rue commerçante, animée, Bertrand, plusieurs fois, est allé de l'un à l'autre, sans raison précise, à chaque fois il s'y est attablé, a commandé un café, y est resté une heure, puis a changé pour bouger, pour éviter qu'une trop longue présence n'attire l'attention, mais ses attentes alternées, répétées d'un café à l'autre, d'un trottoir à celui d'en face doivent paraître, si elles sont remarquées, bien plus suspectes. En raisonnant quelques secondes, Bertrand se dit que personne ne prête la moindre attention à lui, qu'il reste assis une heure là, une heure ici, une autre au premier café, une suivante au second, tout le monde s'en moque, il attend, qu'y a-t-il d'étrange à cela, il peut bien y passer la journée, tant qu'il renouvelle ses consommations et les paye, cela ne présente pas le moindre intérêt pour qui que ce soit.

Cette fois, c'est à Boulogne qu'il attend, pas pour la première fois, mais c'est la première fois qu'il attend aussi longtemps.

Il est arrivé en fin de matinée. « Vers l'heure du déjeuner », lui a-t-on dit. Entre midi et une heure, a pensé Bertrand, avec une marge d'une heure possible – il est arrivé à onze heures et maintenant il est six heures du soir. Il n'est même pas en manque, mais il attend, il persiste, change de café, revient au premier, attend, continue, reste, surveille la rue, d'heure en heure il téléphone, tombant sur le même répondeur – sept heures passées, sept heures perdues, inutiles, alors qu'il aurait pu attendre jusqu'au lendemain sans malaise physique, sept heures, et tout à coup il comprend quelque chose. Aujourd'hui il vit depuis sept heures la victoire complète de la drogue sur la volonté, sept heures sans penser, sans pouvoir penser à autre chose qu'à la minute où arrivera celui qu'il attend. Il comprend qu'il a touché le fond, que la drogue a envahi la totalité de sa conscience, qu'elle est devenue son unique préoccupation, sa seule activité, qu'il y consacre tout son temps et tout son argent, qu'il n'existe plus rien d'autre en lui – sept heures d'obsession, il ne songera à rien d'autre, ne verra rien d'autre, n'envisagera rien d'autre, sa défaite est totale, il n'est plus capable d'imaginer autre chose. Depuis qu'elle n'est plus là, lui aussi est mort, son univers s'est réduit à quelques pincées de poudre, il a tout sacrifié – l'idée ne l'effleure même plus de mettre un terme à cette absurde et interminable attente, ne serait-ce qu'en contactant quelqu'un d'autre, il attend, c'est tout, il attendra encore, le temps ne compte plus, n'a plus de signification, ne peut plus être utilisé autrement que pour un rail d'héroïne, il passe une journée vide, inutile, il n'existe plus, ne vit plus, ne réagit plus. Il est là, il attend, il continue à attendre, il ne sait même plus, ou à peine, pourquoi il attend, ce qu'il attend. Il sait que, dans un moment, dans dix minutes, dans une heure, dans deux ou plus, l'homme finira par arriver, qu'il lui achètera ce qu'il veut, qu'il le consommera tout de suite, que cela prendra trois minutes à peine... et qu'il reviendra le lendemain ici ou ailleurs et que tout recommencera, qu'il passera une heure, deux ou dix pour trois phrases échangées, un billet, un petit paquet de papier plié qu'il consommera à l'instant même et que cela se renouvellera, jour après jour, semaine après semaine, mois après mois, sans que rien d'autre n'existe.

Il est totalement, définitivement et d'une manière irréversible, limité à cette vie dont l'absurdité est tellement évidente que cela provoque quand même une prise de conscience, pendant une ou deux minutes, une prise de conscience immédiatement refoulée, de sa dépendance totale, de son aliénation complète, de son comportement où l'absurdité le dispute au masochisme.

Il n'est pas seulement toxicomane, il abandonne toute résistance, il n'est pas seulement intoxiqué, il n'a plus de volonté, plus d'énergie, plus d'espoir. Il vient de le comprendre... mais il continue à attendre, il sait qu'il peut encore attendre des heures, le regard tourné vers l'entrée de l'immeuble où finira bien par apparaître, à un moment ou à un autre, son dealer. La lune de miel est loin... Pendant une minute seulement, il réalise qu'il est gravement malade. Lorsque la vie se réduit à cet état végétatif et obsessionnel, il faut y mettre un terme.

C'est à cet instant que le dealer enfin arrive et tout s'efface. Il a été retenu, dit-il, il est sept heures du soir, la nuit est tombée. Retenu pendant huit heures, il ne donne aucune précision, ne prend même pas la peine d'exprimer un quelconque regret de l'avoir fait attendre si longtemps. Sept, huit heures ou plus, il était sûr que Bertrand serait encore là.

Il a compris, lui, ce qu'était devenu Bertrand avant que Bertrand n'en prenne conscience pendant une minute qu'il s'est empressé de faire disparaître de son esprit.

« On y va ? demande Bertrand.

– Attends un peu, on n'est plus à cinq minutes près, j'ai la gorge sèche, je prendrais bien un demi... »

Il appuie là où ça fait mal, il sait ce qu'est l'attente, il sait l'anxiété, l'angoisse, le découragement, l'accablement, le dégoût pour lui-même qu'a éprouvé Bertrand – mais il veut l'achever, lui faire sentir son pouvoir sans limites. Pourquoi ne se donnerait-il pas cette satisfaction, Bertrand a attendu huit heures sans réagir, sans pouvoir penser à autre chose, ne lui a pas adressé un mot de reproche, n'a éprouvé que du plaisir et du soulagement en le voyant.

Bertrand sait qu'il a définitivement sombré, que son comportement a dépassé les limites de la déraison, le dealer le sait aussi, et il ajoute une touche supplémentaire pour anéantir ce qui pourrait sortir Bertrand de son ahurissement face à lui-même.

Le dealer prolonge la consommation de son demi, sourit, jubile... Enfin, il consent à sortir du café, à se diriger, suivi de Bertrand, vers son immeuble.

Ils montent à pied les cinq étages, le dealer ouvre sa porte, la referme soigneusement, allume la télévision, sort une bouteille et un verre, continue à prendre son temps, va chercher les glaçons, retourne dans la cuisine, fait couler de l'eau. Bertrand attend sans réaction, anéanti.

Le dealer, enfin, va chercher une boîte métallique et demande, comme s'il ne le savait pas : « Tu veux quoi ?

– Comme d'habitude, murmure Bertrand.

– Du brown ?

– Tu as autre chose ?

– Non. »

A l'attente, à l'attente prolongée, s'ajoutent des phrases inutiles.

Bertrand sort son argent, le dépose, tend la main : « Attends, il faut que je vérifie.

– Vérifier quoi ?

– Que je ne me trompe pas. »

Il ouvre la boîte où sont entassés une vingtaine de petits papiers, il en sort deux ou trois, les ouvre, regarde, estime : « Ouais, ça doit être bon ! » et tend enfin la drogue.

Bertrand ouvre le paquet, roule un morceau de papier pour en faire une paille, aspire tout, se lève... « Demain ?

– Demain, demain, je ne sais pas, passe-moi un coup de fil en fin de matinée, on verra... »

Bertrand ne répond rien, sort, descend, quitte l'immeuble, marche longtemps dans les rues au hasard.

Il se voit tel qu'il est, tel qu'on le voit, seul, intoxiqué, incapable de rien envisager, il se sent, il se sait fini, à bout de forces, au terme d'un long voyage, mal rasé, mal habillé, les traits marqués, les yeux cernés, rejeté, suscitant autour de lui désespoir et angoisse, envahi par une insurmontable détresse, n'ayant plus comme unique préoccupation que d'obtenir par n'importe quel moyen n'importe quel produit, n'importe quelle substance lui permettant de supporter la minute qu'il vit, de ne pas supporter les minutes, les heures, les jours, les années passées, d'effacer de sa conscience les minutes, les jours, les années qui vont venir. Il ne lui reste rien, ni scrupule, ni dignité, ni même regret.

Il marche comme un automate, l'esprit vide, le ventre vide, le corps épuisé...

Comme l'effet de la drogue n'est pas assez efficace, il entre d'une démarche hésitante dans une pharmacie, tire de sa poche l'ordonnance fournie par un médecin complaisant, achète deux boîtes de somnifères, ressort, pénètre dans le premier café venu, commande un cognac, un second, un troisième...

Arrivé, presque par miracle, devant chez lui, car le nom des rues se brouille, il veut prendre un dernier verre d'alcool dans le bistro situé au bas de son immeuble, où on le connaît bien.

Mais cette fois en le voyant, le serveur refuse. « Je suis navré, pas ce soir, je ne peux vraiment pas... » Des consommateurs le dévisagent.

Il a déjà avalé un grand nombre de comprimés de somnifères, c'est à peine s'il tient debout, sa mémoire ne fonctionne plus, il ne se souvient plus du code de l'entrée, appuie au hasard sur les boutons, quelqu'un ouvre la porte, tout s'efface... Lorsqu'il se réveille, il est à l'hôpital, en pyjama bleu, allongé sur un lit. Il ne sait pas où il se trouve ni combien de jours se sont écoulés... Son esprit est vide, il ne se souvient de rien...

« Comment en êtes-vous arrivé là ? » a-t-on demandé à Bertrand après son hospitalisation et il n'a pas su répondre.

En effet, comment ? Comment expliquer en quelques phrases, en dix minutes, le parcours de toute une vie ? C'était si loin, cela faisait intervenir tant d'éléments, de circonstances, de rencontres, de hasards, cela impliquait tant de gens, cela mettait en cause, même indirectement, celle dont il ne voulait pas parler, dont le nom ne passait plus ses lèvres.

« Comment en êtes-vous arrivé là ? » Tout est de ma faute, docteur ou monsieur l'inspecteur, ou monsieur le juge, j'ai agi par faiblesse, par lâcheté, par irresponsabilité, par inconscience, ou bien : j'ai été entraîné, on m'a poussé, proposé, attiré, trompé.

Bien évidemment c'est de ma faute et de ma seule faute, chacun est libre de son choix, de ses actes, responsable de son état... Mais ce n'est pas tout à fait aussi simple.

Oui, pensait Bertrand, j'ai d'abord recherché le plaisir et je l'ai obtenu, puis j'ai subi la douleur et j'ai voulu l'éviter ; oui, je me sentais invulnérable, maître de moi, cela n'arrive qu'aux autres... J'ai pêché par l'orgueil, oui j'ai éprouvé, parfois, un sentiment de supériorité mais bien plus souvent d'infériorité et de mépris pour moi-même.

Oui, j'ai consciemment violé des règles et des lois, je voulais affirmer ma liberté et je l'ai perdue, je voulais être indépendant des préjugés et je me suis retrouvé dépendant de la pire manière, physiquement.

Bertrand n'a jamais voulu se décharger de sa responsabilité, c'est lui et lui seul qui s'est intoxiqué, enlisé, noyé ; personne ne l'y a contraint même s'il est arrivé qu'on ait pu l'encourager... Même si à un certain moment il a été happé par un engrenage qui l'a broyé...

Police, justice, fisc... Fisc particulièrement car l'année de sa condamnation pour usage illicite de stupéfiants « sans inscription au casier judiciaire », une enquête a été ouverte par l'administration fiscale, un fonctionnaire anonyme considérant, sans aucun doute, que les dépenses exposées devant le tribunal révélaient un train de vie supérieur à celui que ses revenus déclarés lui permettaient, l'a considéré comme fraudeur et a fixé un redressement arbitraire exorbitant.

L'année noire. La mort de sa femme, sa douleur, sa dépression, son procès, le rejet dont il était l'objet, le sentiment de culpabilité qui l'écrasait et en plus, décuplée par le fisc, la ruine...

Tout se conjuguait, rendait sa situation insurmontable, irréversible, insoutenable...

Mais il aurait pu réagir autrement, personne n'est totalement contraint...

Pourquoi, mais pourquoi, lui a-t-il fallu dix ans pour surmonter son deuil ?

Pourquoi pendant ces dix années chassait-il de son esprit le moindre souvenir, la moindre image d'Elle.

Pourquoi pendant dix ans ses lèvres n'ont-elles pas pu prononcer son nom ?

Pourquoi n'avait-il comme objectif qu'oublier, effacer, dormir... ?

Il a l'impression d'avoir vécu deux passions et d'être mort deux fois, et pourtant, comme Jean-Pierre avec sa balle entre les deux yeux, d'avoir survécu.

Guérir ? Mais de quoi ? Ne plus consommer quoi que ce soit ? Bien évidemment, mais Guérir ?

Guérit-on jamais d'une passion ? Vit-on après la mort ?

Alors deux passions et deux morts ?...

Il a parfois le sentiment d'avoir rencontré des vivants et des blessés, des soldats et des réfugiés, des Chinois, des Khmers, des Biafrais, des Kurdes, des Ougandais, des Syriens, des journalistes, des hommes politiques, des policiers, des toxicomanes, des psychiatres, des déséquilibrés mais que, cette fois, son séjour s'est prolongé car il n'avait plus ni passeport ni billet de retour dans la poche arrière de son jean.

Alors parler de tout cela à un médecin qui ne connaît de vous qu'un dossier, le résultat des analyses, les rapports d'infirmières, qui ne voit en vous qu'un être dégradé, qui ne vous estime pas capable de raison, de cohérence, d'analyse, à une équipe qui vous suspecte de rechercher des excuses ou des justifications, à des stagiaires qui notent des symptômes, dont le souci est d'étayer une théorie, d'émettre des hypothèses, d'établir un diagnostic...

Que répondre ?

A quoi bon répondre ?

Devant quel tribunal se présente-t-on ?

Et voilà comment on reste muet, muré dans sa détresse, en pyjama bleu d'un service psychiatrique. Une vie derrière soi, une vie agitée comme une mer par gros temps, devenue calme comme les eaux d'un lac... Une vie derrière soi et rien devant.

Faut-il en tirer un constat ou en extirper des mots, faut-il faire un bilan ou écrire un roman ?

Je sais ce qui est bien, disait Oscar Wilde, mais je fais ce qui est mal.

Cet ouvrage a été composé
par IGS - Charente Photogravure à Angoulême
reproduit et achevé d'imprimer sur Roto-Page
en août 1998
par l'Imprimerie Floch à Mayenne

Dépôt légal : octobre 1998.
N° d'édition : 9072.
N° d'impression : 44258.
Imprimé en France